あなたは国に何をしてやれますか

宗重　正
Tadashi Muneshige

文芸社

まえがき

『新党のすすめ――二十一世紀に向って――』を上梓したのが、平成四年、今から九年前のことです。

その副題が、「既成政党に二十一世紀の夢と政治を託せるだろうか」でした。

そして、去年、二〇〇〇年（平成十二年）六月、総選挙が実施されました。

しかし、今回も今まで経験してきた選挙と大差なく、二十一世紀という新しい世紀に挑戦する、アンビシャスな選挙にはなりませんでした。

第二次大戦後、日本は民主主義国家として再出発しました。

「民主主義」は「主権在民」であり、この言葉を基盤として、日本の政治が行われるのだと教えられてきました。

しかし、それからすでに数十余年を経過し、総選挙も何回行われたでしょうか。それにもかかわらず、「主権在民」の実感は少しも湧いてきません。

「主権在民」とは、選挙の時に投票する権利があるということに過ぎないようです。選挙が終り、当選が確定してしまうと、次の選挙まで、議員は自分達の思い通りの行動をします。

公約は選挙期間中だけで、当選と同時に多分忘れてしまっているのでしょう。そうでなければ、あれだけ八方美人の約束が出来る訳がありません。

とすれば、我々国民は投票権だけでなく、我々が欲しい政党を我々自身がつくりあげなければ、本当の民主主義を実現することは出来ないのではないでしょうか。

あなたは国に何をしてやれますか　目次

日本国憲法　前文より抜粋

日本国民は、正当に選挙された国会における代表者を通じて行動し、われらとわれらの子孫のために、諸国民との協和による成果と、わが国全土にわたって自由のもたらす恵沢を確保し、政府の行為によって再び戦争の惨禍が起ることのないようにすることを決意し、ここに主権が国民に存することを宣言し、この憲法を確定する。そもそも国政は、国民の厳粛な信託によるものであって、その権威は国民に由来し、その権力は国民の代表者がこれを行使し、その福利は国民がこれを享受する。これは人類普遍の原理であり、この憲法は、かかる原理に基づくものである。

第一部　「隣国」より「隣人」

目　次

選　挙

我々国民の意志を、国政に反映させる仕組みが、衆議院、参議院の選挙であることは言うまでもありません。

我々国民は、直接国政に参加することが出来ないので、自分の主張に合った政党または人に投票して国政を委託します。

しかし問題は、我々がそうあって欲しいと思う政党が存在するかどうか、ということです。

最近のテレビあるいは新聞紙上の調査でも、国民の支持政党の割合が報道されていますが、「支持政党無し」が約半分を占めています。

実際の選挙では、この人達が妥協してどこか無難な政党に投票するか、棄権するか、どちらかしかありません。

しかし一番の問題は、「支持政党無し」が半分近くもあって、我々が住んで生活している日本の政治が、運営されていることです。

これが戦後の「主権在民」を謳う民主主義の実体であるとすれば、これは問題だと言わざるをえません。

また、各政党は多数の当選者を獲得するために、所謂《いわゆる》、バラマキ型の公約や、利権につながる特定の業者、業界と結び付いています。

更には政治と全く関係のない各分野の有名人を候補者に仕立てて、その知名度に頼って集票している政党もあります。

しかし、これほど政治を冒涜している行為はありません。

一芸に秀でているからといって、その人が必ずしも民主政治の代表としてふさわしいとは言えません。

このような政党に政治を委託することが出来るでしょうか。

国民からみれば、そのような政党は、国政選挙と、国民の人気投票をない交ぜにして、国民の政治に対する学習をスポイルし、愚民化しようとしているのではないかと、勘《かん》ぐりたくなります。

こうした考えは、日本の民主政治を根底からそこなうもので、国民はますます政治から遠ざかってしまいます。

もし有名人を顕彰したいのであれば、政治から切り離して別の制度を考えるべきでしょう。

また、世襲的な議員の出現も、「民主主義」を掲げる日本の政治にとって違和感を与えるものです。

現在（平成十二年）、衆議院の定数は小選挙区三〇〇、比例代表一八〇、計四八〇議席ですが、その中、世襲議員は一八六名を超え四〇％にせまる勢いです。このままでは、「二人に一人は世襲議員」という時代になるのも間近かも知れません。

能楽、歌舞伎など「しきたり」の厳しい伝統芸術の世界ではその芸術を伝えるために、世襲制は避けて通れない制度だと思いますが、絶えず新しい挑戦が必要な政治の世界には、果してどうなのでしょうか。

日本では、政治家に対して信頼が薄いそうです。

これからは我々国民が自ら信頼できる政党をつくり、選ぶだけの権利から、自ら望ましい政党を作る権利まで、拡大することによって、本当に信頼できる民主主義が期待できると思います。

政党と時の流れ

敗戦後、日本にも民主主義の旗印の下に多くの政党が生れ、その後折々に、新党が輩出した時代があります。

中でも、それらの契機になったのは、一九八九年（平成元年）秋、当時冷戦のシンボルになっていたベルリンの壁が撤去され、東西両ドイツが併合し、更に鉄のカーテンの中にとざされていた東欧諸国が、相次いでソ連圏から離脱していったことです。

一九九一年（平成三年）八月には、ソ連邦自身がクーデターで壊滅《かい》し、さしもの世界に君臨したソ連共産党が解体を余儀なくされていきました。

そして世界は第二次大戦後の混乱の中からまた、新しい胎動が始まることになりました。日本でも、一九九二年（平成四年）日本新党の誕生を契機に、多くの新党が誕生し、中には党名を変更し存続を計る既成政党等々の動きがあり、新しい時代を感じさせました。

私自身、少しでも役に立てばと思って『新党のすすめ』を上梓したのもその頃のことです。

そんな折、平成五年だったと思いますが、この本が縁で、北川正恭さんとお話し出来る機会がありました。

当時、北川さんは「新党　みらい」の幹事長をされており、私としてはプロの政治家と相対で二時間余も話をしたのは勿論初めてでした。

これは私にとって勉強になり、その若さと情熱を感じ、このような人達がリーダーシップを取って行動してくれれば、日本にとって、それこそ二十一世紀の夢は開けると確信した次第です。……

その後、氏は代議士を辞め、三重県知事に立候補され、現在、二期目として活躍されている。

閑話休題

今にして思えば、当時、日本新党をはじめとする新党の指導者が、もう少し辛抱し頑張っていたら、日本の体制も変っていたのかもしれません。

「隣国」より「隣人」

第二次大戦後、国際連合が発足し、世界平和に向けて、たゆまない努力が続けられています。

しかし、冷戦が終ったと言われる現在でも、現実には地域地域で紛争が起っており、日本の位置しているアジアも決して平穏無事であるとは言えない状態です。

当然のことながら、日本政府もアジアの一員として、平和の維持に努力しています。

しかし一方、我々国民が日々生活している国内の平和はどうでしょうか？

近年、国内で起きている事件をみると寒々とせざるをえません。地下鉄サリン事件を起したオウム真理教についても、何故にこのような大事件になる前にくい止めることが出来なかったのか、また横浜の坂本弁護士一家殺害事件も未然に対応していれば、あの悲しい事件も起きずにすんでいたのではないでしょうか。今、起きている多数の悲惨な問題も、当事者にとっては耐えがたいものでしょう。それを、何故国が放置し、見て見ぬ振りをするのかわからないのです。日本国民はどこに相談に行き、どこに助けを求めたらよいのでしょうか。

今、警察のあり方が問題になっています。警察官も公務員の一員であり、言うなれば公僕の中でも一番国民の身近にいる人達で、国民が最も直接頼りにしている人達であるのは間違いありません。戦後半世紀も過ぎ、時代も大きく変ってきている今、警察に戦前の特高のイメージをオーバーラップして考える人はいないでしょう。

私はもっと警察に元気になってもらい、民主主義国家の公僕として、警察はどうあるべきか、勉強して戴きたいと思います。

ともあれ、国民が毎日安心して暮らせる生活を、真っ先に国が取上げなければならないと思います。

国際平和も大事です。近隣の諸国への気くばりもしなければならないでしょう。しかし国の安全と言えば、日米安全保障条約とか、核持込禁止とかだけが議論されていますが、国民の日常生活の安全保障は、それらと同等かそれ以上にランクされてしかるべき問題だと思います。

これは、〝戦後の誤った教育指導〟と共に、政府も国民も、真剣に考えなくてはいけない最重要課題です。

昔、中学時代に読んだ漢文の中に「鼓腹撃壌」という文章がありました。

「中国太古の尭《ぎょう》帝の時、路傍の老人が食事をほおばりながら腹つづみを打ち、大地をたたいて（鼓腹撃壌して）気ままな歌をうたい、尭帝の人徳や善政など全く意識しないで天下太平を礼賛していた。」―十八史略―

（旺文社「国語辞典」より）

私は、これから二十一世紀の政治にも、時代は何千年も離れていますが、こういった何気ない日常の平和な生活に、本当の政治の姿を見る思いがします。

戦後五十年を経た今こそ、イデオロギー先導の二十世紀と決別し、新しい視点に立った身近な政治を期待したいと思います。

○○○○○

公　僕

「公僕」という言葉は、あまり馴染《なじ》みのない言葉です。

テレビでも、新聞紙上でも聞いたり読んだりしたことはありません。

これに相当する言葉として、一般に使われているのは〝公務員〟という言葉です。

これなら日に何回も聞いたり、読んだりしています。

現在多用されている〝公務員〟という言葉が広く通用しているので、私もこれに異をとなえるものではありません。

しかし、呼称は〝公務員〟であっても、内容は、〝public servant〟公僕であって欲しいと切に願うものです。

憲法第十五条にも、「公務員を選定し、及びこれを罷免することは、国民固有の権利」であり公務員は、「全体の奉仕者であって、一部の奉仕者ではない」と規定されており、その公僕性を強調しています。*

＊「現代政治学小辞典」（有斐閣双書）

さて、「国民の区分け」の対比の一つとして

納税者……一般国民

公務員……国民の税金から給与を受ける人

というのが考えられます。

厳密に言えば、一般の国民は自営業であれ、企業の勤労者であれ、毎月、給与をもらえる保証は百％ある訳でなく、企業が利益を出してはじめて支払われるもので、利益を出さ

なければ破産するか倒産してしまいます。

しかし公務員には、その危険はまずありません。

当然のことながら私企業では、利益を出すために、日日チャレンジをして他社にないものを造ったり、合理化を進めたり、販売方法を見直したりしています。

それでもなお、競争に負ければ、リストラ、倒産を避けることが出来ません。

特に中小の企業にとっては、深刻な問題になっています。

一方、公務員の皆さんも、我々市民と変らず日夜努力され働いておられるでしょう。

ただ、基本的には当り前かも知れませんが生活の安定感がまるで違います。

そして、公務員の最高位にいる人々、——それは国会議員——で、その人達は我々が選挙で選べる人達です。

言うなれば、国会議員は、我々がえらんだ最高の公僕です。

途中解散がなければ、衆議院では任期が四年で、公務員として最高の給与、待遇が保障されます。それは当然のことで、むしろ少な過ぎのような気がします。

さてここで問題は、国会での発言力、影響力は一人一人の国会議員の力ではなく、国会の議決は全国会議員の多数決で決まる訳ですから、議員が所属する政党が非常に大きな力を持っています。

だからこそ、我々国民は選挙で政党を選び、人を選ぶ方法をとっている小選挙区でも、その候補者の属する政党がどこかということを最大限に考える必要があるのです。

換言すれば、政党は、日本の現在と将来に重大な責任を負っているのです。

朝日新聞（一九九九年一月一日付）によると、日本では政治家に対して、七十八％の人が信用しない、あまり信用してないという調査結果があるそうです。

もしそうだとしたら、そうした政治家で構成されている政党も信頼出来ないということになってしまいます。

私には信じられないことですが、もしこの通りであったとすれば、戦後の半世紀に及ぶ日本の政治は、形と言葉だけの民主政治だったと言わざるをえません。しかも、このまま二十一世紀まで、この「カタチ」が引継がれていってしまうのでしょうか。

再び新党を！

平成四年、日本新党の誕生を期に数多くの新党がそれぞれ名乗りをあげ、戦後約五十年にしてようやく日本にも、新しい政治の胎動が始まるかと期待していました。

しかし現実は既成政党の激しい抵抗にあって、結果的に潰れさってしまいました。


当時、国会の様子を直接ラジオで聞いたり新聞報道で読んだりすると、これが国民にとって大事な国政を議題にする国会の場での討論かと、耳を疑いたくなりました。

またその討論の内容がいかほど国民に寄与するか、暗澹たる気持で聞いていたのは私だけではなかったと思います。

しかもこの人達は、我々国民が総選挙で、我々の代表として選んだ人達だと思うと尚更でした。

ひるがえって二十世紀をみれば、人類が身をもって「トライ&エラー」を体験した激動の世紀でした。

十九世紀末から始まった当時のヨーロッパ先進国の、地球規模の植民地獲得競争と、それに遅れを取った国々の反攻とそして挫折で綴られた世紀、と言っても過言ではありません。

二十世紀の政治にはまだ国民の声が聞えてきませんでした。それぞれの国の指導者の思惑で、国政が決定されてきたからでしょう。

私は、二十一世紀の政治は、「人と、人の生活する社会を大切にする政治」が基本にあるべきだと思います。

二十一世紀には、二十世紀に経験した世界規模の戦いは、もう起りようがありません。もし起ったとしたら、それこそ人類は滅亡してしまうでしょう。

であるとすれば、国の政治の中心は「隣国より隣人」に軸足をおいた政治であるべきです。

もちろん、隣国はどうでもよいと言うのではありません。

限られた地球資源の中で、各国が生きるためには結局、協調しか残されていません。とすれば、いずれは地球規模で、隣人が隣国へと輪が拡がっていくことが可能になるでしょう。

さて軸足を国民においた政治は、当然国民がイニシアチブを取らなくてはいけません。そして「新党あり」とすれば、それは生活密着型で、換言すれば、「公僕党」と言ってよいでしょう。

即ち、新党は国民に対して公僕としての役割りを担うものです。

とかく我々は長い習性からか、政治はお上がするもの、税は取られるものと思いがちでしたが、これからは我々も考え方を変える必要があります。

政治は我々にも責任があり、税は国として、または平和な社会としての必要経費として前向きに考えるべきです。

また、生活密着型を具体的に言えば、それぞれの地域に、国民の相談に応じることの出来る窓口を持つことです。

生活に密着した政党はもちろんそれだけに終止するのではなく、外交、財政など国全体にまたがる問題にも対応出来る機能は当然持つべきです。

世の中には優秀な人材があり余っています。今まではその人達に活躍の場を与えなかっただけです。

特に若い人達の活力は、新党にはかかせないものです。また必要があれば、党のシンクタンクだけでなく、広くそれぞれの専門の人々に助けを求めればよいと思います。

要は〝公僕の精神〟を忘れずに、国民も一丸となって党を支えていくことです。

我々も、投票するだけの民主主義から脱皮して、新党づくりに積極的に参加しようではありませんか。

以前の選挙は、中選挙区制と言われ、それこそ、〝地盤、看板、鞄〟がなければ国会議員に当選するのは至難の業でした。しかし現在はご承知のように小選挙区、比例代表並立制になり、比例代表の割合が少ないのですが、前よりは政党を選べる選挙になってきました。

ところが最近の新聞を見て驚きました。

それは有力な政党同士の話合いで、中選挙区制に戻そうという動きです。

中選挙区制は党よりも人を選ぶ選挙になり、選挙の実体が「地盤、看板、鞄」に逆戻りし、近代的な民主政治とは対極にある金権政治に戻ってしまう恐れがあります。

私はそれなりに代議士諸氏を尊敬してきましたが、この期に及んで歴史をひっくり返すようなことを、二十一世紀を目前にして言い出す真意をはかりかねます。

教育

敗戦後、日本が自ら失った最大のものは、〝教育〟です。

戦後間もない頃、東北地方のある小学校の先生が「先生と生徒は平等で友達」と言われたそうです。

それを当時のマスコミが大きく取上げ、ブームになりました。

そして教室の中に「自由と平等」が持込まれ、残念ながらこれが五十余年も経た今日でも「学校に於ける先生と生徒の不文律な関係」として脈々と続いています。

敗戦の直後は、国全体が混乱していたことは事実です。

しかし、時がたつにつれ振子は正常に戻っていくものですが、どうして教室の中に入り込んだ先生と生徒の歪んだ関係が、現在に至るまでそのままの状態でいるのか解りません。

初等教育は知識を教える場だけでなく、同年配の仲間が一緒に集った生活の中で自然に生き方——自分一人でなく同輩と生活することによって——を体得する場であって、先生はその指導者です。

今「学級崩壊」という言葉をよく聞きます。

また、授業参観に出席した保護者からの話も直接何回も聞かされました。

授業中に、生徒が保護者のいる前で、机の上を飛び廻っていても、先生は見て見ぬ振りで、授業を進めているそうです。

先生もさぞつらいことだと思います。

しかし、放任されている子供達は、もっとかわいそうです。

このままそうした子供達が成長して大人になり日本の社会を構成していくと思うと、空恐ろしくなります。


これは勉強以前の問題のはずですが、どうして小学校・中学校の教室の中にまるで政治スローガンのような〝自由と平等〟が残っているのか不思議です。

このような日本の国の教育を、放置しておく理由があるのでしょうか。

たまたま、二十世紀最後の総選挙があり、各政党の〝教育問題〟に対する方針が書かれていました。

その中には、学級の人数を三十人に、更には二十人にするという政策が語られていました。ただただ唖然とするばかりです。


日本の教育は「何処へ」行くのでしょうか。

「退一歩　海闊　天空」

これは囲碁棋士の王立誠氏が某新聞紙上で語られた文中からお借りしたものです。

「退一歩　海闊　天空」

私は氏を存じあげておりません。氏は台湾出身の棋士で、最近、棋聖位のタイトルを取られた方です。

氏の談話が記載されていたのは、新聞の日曜版でした。

何気なく読んでいる中に、氏が大事にされている言葉としてこの「退一歩海闊天空」があげられており、私はこの言葉に釘付けになってしまったのです。私は漢文の知識はあまりありませんが、この言葉の雰囲気は古い中国のものとは違うようで、そうだとすると台湾に伝承されている語句なのか、はたまた王氏が御自身で作られたのかわかりません。

しかし、私はこの言葉の中に、本当の民主主義の真髄を見た気がしました。

戦後、日本人も民主主義のお蔭か自己主張が身についてきました。

心の中で思っていても発言する勇気がなかったのが、自らの主張を言えるようになり、その点ではプラスなのでしょう。

しかし現実の生活では、自分の主張と他人の主張とがぶつかり合うこともしばしばです。

そんな時に、この王さんの言葉は、ぴったりです。

まさに「退一歩」です。

一歩後に退《しりぞ》きなさい。そうすれば広場が出来るではありませんか。もし、相手も一歩退いてくれたらまた広場が拡がり、お互に気分よく話し合えるはずです。

民主主義は、それぞれが自己主張が出来るものだからこそ、この「退一歩」は価値がある言葉だと思います。

これは私の考え過ぎかも知れませんが、王さんが日本に来られて、苦労された時に、この〝退一歩海闊天空〟を胸に秘めておられたのか、と思いました。

今は昔と違い所謂《いわゆる》〝人間《じんかん》距離〟が狭くなってきています。

そのため、人間関係も、〝ギクシャク〟しがちです。

狭い日本の中で、仲良く楽しい生活をお互いするためには、〝ゆずり合い〟の精神が大人にも、子供にも必要です。

それには王さんのこの言葉を、心しておく必要があるのではないでしょうか。

そして民主主義とは、「一歩前に出るのではなく、一歩退いて広場をつくり話し合う主義」にほかならないものではないでしょうか。

これは「人と人」の関係だけでなく、「民族と民族」、「国家と国家」にも、置換えてもいえることです。

政治への願い

民主政治の基本は、間違いなく政党によって行われる政党政治である。

国民は、自分の考え、主張に一番近い政党を選んで投票するのが、最も分りやすく、すっきりしている。

とすれば、選挙制度は必然的に比例代表制が主流にならなければならない。

しかし現状は先に記したように、衆議院の定数四八〇名のうち世襲議員は一八六名を超え四〇%に迫っている。

二十一世紀に始まるこれからの政治を、開かれた政治にするためには、選挙法を変えなくてはならないと思う。

そのためには人を選ぶ選挙から脱却しなければならない。

民主政治↓政党政治↓政党を選ぶ選挙になるのは当然な成り行きである。

江戸時代の封建制を思わせるような選挙制度は、少なくとも新しい二十一世紀にはふさわしくない。

現在の世襲議員の人達は、自らの実力で十分議員になれる人達だと思っている。

二十一世紀に始まる、これからの日本の政治には、政党を選ぶための選挙制度が、必要不可欠だと思う。

第二部　新党のすすめ

——二十一世紀に向かって——

（やせ蛙の宇宙論）

既成政党に二十一世紀の

夢と政治を託せるだろうか

この作品は平成四年九月蛙文社より刊行されたものに加筆・訂正したものです。

新党のすすめ　目次

序　章　時の流れ

ソ連邦の変身

目まぐるしい最近の変革の世の中では、つい二、三年前に起きた歴史的事件でさえも忘れ勝ちになりますが、一九八九年（平成元年）秋、当時は想像も出来なかった大事件がヨーロッパで起きたのは、記憶に新しいことです。

それは第二次世界大戦後、四十数年間続いていた厳しい東西の冷戦が終わりを告げ、歴史の流れが大きく変わったことを世界に告げる事件でした。長い間、冷戦のシンボルとなっていたベルリンの壁が撤去され、やがて東西両ドイツの併合へと進み、さらに鉄のカーテンの中にとざされていた東欧諸国が、相次いでソ連圏から離脱していきました。

そして何よりも驚かされたのは、これらの事件の背景にあったソ連邦が、社会主義体制から自由主義経済体制へと転換を宣言し、さらにソ連邦自身の解体へと進んでいったことです。

第一次世界大戦末期の一九一七年に起きたロシア革命は、その後の世界各国を揺るがし、特に第二次世界大戦後は、各地で起きた民族運動と結びついて、新しい社会主義国家が続々と誕生していったのは、我々のよく知るところです。

その中でも、最も旧ソ連邦の強い影響力があったと思われる、ポーランド、チェコスロバキア、ハンガリー、ルーマニア、旧東ドイツなど、東欧諸国に起きた一連の事件は、旧ソ連邦の黙認という背景があったにせよ、民衆の意志がエネルギーになって民主化が進められたこととして注目したいと思います。

マルクスが被抑圧階級のためにと筆をとった資本論の共産主義思想が、当の被抑圧階級によって、排除されていったこの過程に時代の流れを感じないわけにはいきません。

そのソ連邦自身も、一九九一年（平成三年）八月、共産党によって起こされたクーデターに壊滅し、さしも世界に君臨したソ連共産党も解体を余儀なくされました。

ロシア革命から七十余年を経た今、モスクワの広場からレーニン像がクレーンで宙吊りにされ、朽木のように倒された光景は、一つの時代の幕が降りたと言ってしまうには、余りにも大きな事件のような気がします。

民主化への道

読者の中にも、ＮＨＫで放映された一シーンを観られた方がおられると思います。

場所はクレムリンの大会議場、ソ連の第一回人民代議員大会の様子です。

二千人を超える代議員が口々に、「自分達は労働者の代表として選ばれて来たのだから発言させせろ」と壇上にせまります。

その混乱の中で、ゴルバチョフ書記長（当時）が当惑した表情で、それでは一人一分ずつしゃべるようにと指示を出していましたが、一人一分にしても何十時間かかることか、気の遠くなる話です。亡くなったサハロフ博士の演説の場面も出ていましたが、時間超過にみかねて、書記長がマイクのコードを切るよう、指示していました。その切られたマイクに向かってなお、激しく首を振りながら懸命にしゃべりつづけるサハロフ博士……ゴルバチョフ書記長の苦《にが》り切った顔……を見るにつけ、民主化への道の苦悩を見る思いがしました。

その後、ロシア共和国を始めとする旧ソ連邦から分離独立した国々も、東欧の諸国も、民主化と自由主義経済への移行は、困難が山積みして大変なようです。その様子を垣間見るにつけ、四十数年前の日本とオーバーラップしてひとごととは思えません。

幸いにして経済の復興こそ出来た日本ですが、民主主義は約半世紀を経た今、果たして政治や生活の中に根をおろしたと言えるのでしょうか？

平成四年三月二十七日付の朝刊は、一斉に「衆院は二十六日の本会議で、公務員の完全週休二日制導入のための給与法、行政機関休日法改正案、地方自治法改正案、裁判所休日法改正案、国会機関休日法改正案の四法案を全会一致で可決、参院に送付した」と報じていました。

外堀を埋め、内堀を埋めて既成事実を積み上げて来たこの案件について、各報道機関も取り立てた扱いもせず平凡なものでした。

この決定について我々国民の代表である国会議員は誰一人として、また、与党も野党も含めたすべての政党の中、ただの一党も、異を唱える人も政党もいなかったのです。

これが戦後、半世紀に垂《なんな》んとする日本の民主主義の偽らざる姿です。

第一章　日本の戦後

プラザ合意まで

戦後の日本は、アメリカの占領政策にのっとり、非軍国主義化と民主化が急ピッチで進められました。

農地解放、婦人の参政権、財閥解体、平和憲法の制定等々です。

日本の民主主義は自らかちとったものではなく、占領軍から与えられたものだと言われています。

そのため、日本の民主主義は今でも西欧の先進民主主義国家と言われる国々に残っている階級社会の形骸《けいがい》もなく、また、誕生にあたって直接国民同士が血で血を洗う悲惨なこともありませんでした。

しかし、占領軍主導のお仕着せの民主主義のおかげで一応の形は整えられましたが、民主主義に対する一人一人の国民の認識の希薄さが、その後、政治、社会、個人生活にまで、影響を与えてきているのは残念です。「民主主義」という新しい錦の御旗《みはた》をかさに、その果実だけをむさぼり、それを育てる苦しみに眼をつぶってきたとしか思えません。

とはいえ、戦後混乱期には、国民にとって政治よりも明日をどう生きるかが先決問題でした。

「筍《たけのこ》生活」「物々交換」「買い出し」「闇《やみ》」「隠匿《いんとく》物資」など、当時の流行語が国民の生活を物語っています。

一方、占領軍も日本の民生の安定化を図らなければ、米国の足枷《あしかせ》になるばかりです。

一億を超える日本人がこの資源の乏しい日本で生き延びるために出来ることは、原料を海外から輸入して物を造り、その製品を輸出して外貨を稼ぐことしかありません。

こうして戦後の経済復興は、「物造り」から始まりました。途中、朝鮮動乱、ベトナム特需といった外からの要因にも支えられて、経済は順調に回復し、新幹線、名神・東名自動車道路の開通、東京オリンピック、大阪万博の開催など、社会資本の充実、内需拡大も、それなりに進んできていました。

個人生活も、終戦時には考えられなかった電化製品も数多く家庭で使われ出し、自家用自動車も、ごく当たり前のように生活の中に入り込んできました。

このように日本が順調な経済成長を続けていたさなか、一九八五年（昭和六十年）九月、ニューヨークのプラザホテルで、日、米、英、仏、西独、五ヵ国の大蔵大臣と中央銀行総裁による緊急会議が開かれました。

この会議の目的は、アメリカの経常収支の大幅な赤字を解消するために、各国がドル高を為替で調整するよう、協力するという合意を得るためのものでした。

このプラザ合意で特に注目されるのは、通貨問題の外に、国別の目標が決められたことです。

そして日本は輸出に片寄らず、「内需振興」に努力することになりました。

これは、戦後、一貫して海外市場の開拓と拡大を目標にしてきた日本経済に大きな影響を与え、その結果、国民の生活にも波及して、現在に至っているのは読者の知る通りです。そのターニング・ポイントが「プラザ合意」でした。


プラザ合意の時点で、一ドル・二四二円であった円相場は、またたく間に二〇〇円を割り、当時、新聞、テレビで毎日のように識者の解説や討論がくりかえされていたのはご存じのことと思います。

製造業は円が一ドルいくらになるまで、耐えられるかが、各企業にとって最大の焦点になり、必死になって検討され、同時に円高が進んだ分、下請企業にもコストの低減が要求されてきました。

ある企業では、一六〇円が限度であるとか、来年は一四〇円になっても耐えられるようにすべきだとか、大変だったと記憶しています。しかし、その後、約七年余、アメリカの対日貿易赤字は多少減少の傾向はあるものの、大幅な改善はみられません。その間に、アジア新興国の対米輸出が大幅に伸びて、それはとりもなおさず、新興国に部品を供給している日本の間接の対米輸出だ、というアメリカの対日批判もありました。

いずれにしても、ドル安という強力な助っ人がありながら尚、輸入が止まらず、輸出も伸びないアメリカは、そしてアメリカの製造業は、一体何をしているのか、理解に苦しむところです。

『「NO」と言える日本』（光文社、一九八九年）が話題になったのもこの頃のことです。それは日本だけでなく、カリフォルニア大学のスティーブン・S・コーエン博士もその著書『脱工業化社会の幻想』（TBSブリタニカ、一九九〇年）の中で、アメリカの製造業の衰退に警鐘《けいしょう》を鳴らしています。

ともあれ、為替問題とは別にプラザ合意事項の、いま一つの日本に課せられた問題、「内需拡大」はどのように展開していったのでしょうか。

前川レポート

プラザ合意の翌年、一九八六年（昭和六十一年）中曽根首相（当時）の私的諮問機関「国際協調のための経済構造調整研究会」（座長・前川前日銀総裁〈当時〉）がいわゆる、「前川レポート」を発表しました。

このレポートはプラザ合意を受けて、日本の今後の実践項目と、その対応を示したもので、その後の我々の生活に大きな影響を与えていますので、特に国民生活に関係の深い内需拡大の部分を引用することにします。

レポートの提言は、七項目から構成されていますが、その中の内需拡大の項は次の通りです。

1．内需拡大

外需依存から内需主導型の活力ある経済成長への転換を図るため、この際、乗数効果も大きく、かつ個人消費の拡大につながる様な効果的な内需拡大策に最重点を置く。

(1)　住宅対策および都市再開発事業の推進

住宅政策の抜本的改革を図り、住宅対策を充実、強化する。特に大都市圏を中心に、既成市街地の再開発による職住近接の居住スペースの創出や新住宅都市の建設を促進する。

併せて、都市機能の充実を図る。

その際、留意すべき事項は左記の通りである。

①　民間活力の活用を中心に事業規模の拡大を図る。そのためには、規制緩和の推進、呼び水効果としての財政上のインセンティブ（刺激）が必要である。

②　住宅減税の拡充、強化。

③　地価の上昇を抑制するための措置を講ずる。例えば、線引きの見直し、地方

公共団体による宅地開発要綱の緩和、用途地域、容積率の見直し、等。

④ 地権者調整の迅速化を図る。

(2) 消費生活の充実

経済成長の成果を賃金にも適切に配分するとともに、所得税減税により可処分所得の増加を図ることが個人消費の増加に有効である。また、労働時間の短縮により自由時間の増加を図るとともに有給休暇の集中的活用を促進する。労働時間に於ては、公務、金融等の部門における速やかな実施を図りつつ、欧米先進国なみの年間総労働時間の実現と週休二日制の早期実現を図る。

(3) 地方に於ける社会資本整備の促進

地方自治体による資本形成の大幅な増加を図ることは、内需拡大の効果を全国的に拡げるために不可欠な政策である。そのため、地方債の活用等、により地方単独事業を拡大し、社会資本の整備を促進する。

(傍線筆者)

提言のもたらしたもの

(1) バブルの始まり

提言は、アメリカの要求に応えて内需拡大をはかるのに、最も効果的なものとして住宅を取り上げています。「住宅政策の抜本的改革を図り……」とあり、そのために民間活力、減税、地価抑制などに留意すべきだと述べています。

さて、レポートが出されて六年たった時点で、住宅を取り巻く政策の抜本的改革がどこに図られたのかわかりませんでした。新住宅都市の建設も幻の都市になってしまったのでしょうか。

それどころか、この間の地価の暴騰を国民はただ黙って見守ることしかできませんでした。

「地価の上昇を抑制するための措置を講ずる」という住宅政策の最も重要な政策が空文《くうぶん》になってしまいました。

住宅に夢をかけていたサラリーマンは多数いました。住宅金融公庫の枠が広げられ、減税の恩恵のあるこの時期に、マイホームの夢の実現をしようと思った人も多かったはずです。

土地の値上がりはその夢を砕くのに十分すぎました。

提言前段の「乗数効果も大きく」は、まさか土地暴騰とその後のバブル経済を念頭に書かれたものではないはずですが、結果はまさに提言通り、地価が「乗数効果」そのもので、値上がりしてしまいました。「個人消費の拡大」はレポートの思惑かもしれませんが、円高になって、その分個人の収入が比例して増えた訳では全くありません。

もし、その気になって消費に走ったら、国民一人一人は、大きな借金を背負って何年か先まで返済を続けなければなりません。

拡大した個人消費のつけは、結局個人が払わなければなりません。

国民の財布の中身は、政府の考えているほど余裕はありません。経済大国日本と言われますが、豊かさを実感出来る国民は、円高差益の享受者と経済バブルに便乗出来た一部の人々だけだったと思います。

プラザ合意の時点で公定歩合は五％でした。翌昭和六十一年（一九八六年）一月に〇・五％下がって四・五％になり、その後は矢継ぎ早に下がる一方で、三月、四月、十一月、それぞれ〇・五％ずつ下がり続け、この年の年末には三％に、ついで翌六十二年の二月にはさらに下がり、この五回の下げで、公定歩合は二・五％になり、結局、ほぼ一年の間に公定歩合は、五％から二・五％に急落したことになります。

そしてこの超低金利はほぼ二年間も続いたのです。これほどまでして内需拡大を短兵急《たんぺいきゅう》にする必要があったのか、素人には全くわかりません。しかし確実にわかったのは、地上げに拍車がかかったことでした。それでなくても、円高による金余りの時代ですから、火に油を注ぐ状態になってしまいました。

当時、地方から上京して朝刊を見た時、驚かされたのは新聞の記事ではなく、入っている折り込み広告でした。住宅、マンションの広告には「億」の活字が一面に躍っていました。

また、レポートに謳ってある職住接近はおろか、新幹線通勤もその後のバブル崩壊ですでに過去の話題になってしまいました。

日本全土の面積は約三十七万平方キロメートル、アメリカは約九百三十六万平方キロメートルです。アメリカは日本の約二十五倍の面積があります。そのアメリカを当時の日本の全地価で買うと仮定すれば、実にアメリカ全土の四倍買えるまで、日本の地価は暴騰したそうです。つい、五、六年前までは、日本と二十五倍の広さのアメリカと土地総額の値段が同じだ、と言って驚いていたのですが……。

これでも、日本の地価が異常なスピードで高騰したのがわかります。

この地価高騰は、バブルがはじけたと言われる今でも、新たに土地を購入し、家を建てたいと思っている給与生活者には絶望的な衝撃を与えています。

初めて土地を取得する若いサラリーマンは今だに「遠く、狭く、高い」居住環境を余儀なくされているのが実情です。

サラリーマンの年収よりも、土地代の方がはるかに超えている現状は正気の沙汰ではありません。


昔から人の生活に必要なものとして、「衣・食・住」があげられています。

第一次世界大戦の末期、一九一八年（大正七年）富山県の漁村の主婦達によって起こされた米の安売りを求めた騒ぎが全国に広がり、最後には政府が軍隊を出動させて、鎮圧するという事態にまでなりました。この事件は、その年の一月、一石二十三円七十八銭の米が買い占めにより、八月に四十一円六銭と約二倍に値上がりしたために起こったものです。

この「米騒動」が起きた頃、日本は第一次世界大戦の恩恵で空前の好景気にみまわれて、成金が続出していた時代でした。結果は「米騒動」の責任をとって時の寺内内閣は退陣することになりました。

過日、ＮＨＫのある番組で一通の投書が紹介されていました。新聞の報道によれば、銀行は地上げ企業に融資しているそうです。そして、欲しい土地はどんどん値上がりしてしまい、手がとどかなくなりました。

「私は住宅資金として毎月銀行に預金を続けています。新聞の報道によれば、銀行は地上げ企業に融資しているそうです。そして、欲しい土地はどんどん値上がりしてしまい、手がとどかなくなりました。私は割り切れない思いで一杯です」大阪の一主婦より。

政治家は、この切実な声にどのような回答を用意しているのでしょうか。

(2)　豊かさのかたち

先日、次のような記事が新聞にのっていました。

「ビニールハウスにサクランボの木を植え替えて、早くも促成サクランボの収穫が始まっている。貴重な物なので、箸で一粒ずつつまみ桐の箱に入れて出荷され、値段は三百グラム入りで十三万円、一粒二千四百円は超えるであろう」

このような記事はもう日常茶飯事で、その後余り話題にもならなりました。たしかに政府やマスコミの発言の通り、間違いなく日本は経済大国になり、金持ちになったのだと思います。リッチな人々がいるからこそ、そのニーズにこたえて高価な商品も供給されるのでしょう。しかし一方で、生活の中に豊かさを実感出来ずに、世間から取り残されている人も多いはずです。

日本で年一回、春闘という給与生活者の賃金のベースアップがあります。それによって今年一年の給与がきまります。

企業にとっては過去の実績の配分ではなく、これからの一年の景気を予測して交渉することになります。勢い給与生活者の方も、企業も向《む》こう一年の物価、消費者物価の動向は無視出来ません。

それはさておき、ベースアップがあると、不思議なことに、消費者が気がつかないうちに物価がいつの間にか上がっています。

何のことはありません。昇給した分は、いつの間にか生活の中に吸収されてしまいます。

給与が上がれば、消費者物価も同じように上がるわけですから「豊かさ」を感じるには程遠いものがあります。

給与生活者からみれば、「春闘」のベースアップは貨幣価値の下落を毎年演出していたということになります。これは我々給与生活者が、こと「春闘」に対しては熱心でも、物価上昇に対しては、結果として関心が薄かったと言われても仕方ありません。

いや、関心が薄いと言うよりも、実際は何処にクレームをつけたらよいのか分からないのが実情でした。

食糧価格の内外格差が大きいことも、円高差益の還元にしても、行政の中に組み込み反映させてもらえるような民主政治のルートやルールが今の日本の政治にはないからです。一時的にマスコミに取り上げられることはあっても、いつの間にか消えてしまいます。

春闘とか、消費税は大きく取り上げられるのに不思議な気がします。

国民の生活に密着している案件も、国民不在のまま進められていくようです。

庶民の足になっているタクシー料金は運輸省の許認可制になっていて、同一地域・同一価格になっているそうです。

そこでは、自由主義経済の競争原理は全く働かない仕組みになっています。

その結果、諸外国にくらべて高い料金を利用者は払わなくてはなりません。

運輸省は安全確保のためといっておりますが、安全は当然のことで、どの業種、飲食店であろうが、自動車のメーカーであろうが、その他どんな業種でも、利用者の安全を無視して企業は存在し得ません。


日本は許認可業務が多い国と言われています。なかには、きちんと国が枠をはめ、管理していく必要な業種も当然あるでしょう。

しかし、自由主義経済の枠の中でも、適正な競争原理を導入した方が良い業種も多数あるはずです。その淘汰をしていかなければ、これからますます複雑化してゆく社会に対応できないし、もし、今まで通りのことをしていれば、小さい政府どころか大きな政府が、ますます巨大になり、日本は自由主義経済下の民主国家というよりも、巨大な官僚国家になってしまうのではないでしょうか。そしてその税金は国民一人一人が背負わなければなりません。

ここ数年来、日本列島のどこかで「何々博覧会」が地方自治体の主催で開かれています。冠の名称はさまざまですが「お祭り」であることには変わりません。それにしても、地方自治体も豊かになったものだと思います。

前川レポートを受けて、地方の活性化を図る大義名分の下での行事なのでしょうが、ただでさえ、土木建築の人手不足が騒がれているさ中、先を争って開催されるのはどういうわけでしょうか。その結果、建設単価はうなぎのぼりに上がり、その分、一般国民の住宅建築のコストにも影響が出ます。

経済大国になったと言われる今は、地方にとっても社会資本を充実するチャンスだと思います。であれば、下水道、道路といった将来に残る社会資本にこそ力をそそぐべきでしょう。博覧会や美術館はどうでもよいと言うつもりはありません。しかし人目につき易い投資ばかりが目立ちます。人目につきにくい、生活に直結している社会資本の充実に力を入れるのが政治のあるべき姿です。

お祭りも時によりその効果はあると思いますが、その金はいずれにせよ住民、また国民につけが廻ってくるはずです。

ある日の新聞紙上に次のような記事が報道されていました。

「万博のウィーン開催、市民の六五％が反対。ウィーン市でこの程、実施された住民投票の結果、六五％の市民が、一九九五年に同市で開催が予定されていた万国博覧会に反対を表明、市長も事実上の開催断念を宣言した」

ウィーン市民の反対の主な理由として財政支出の増大による増税、インフレによる物価の高騰《こうとう》に対する懸念《けねん》があげられていました。

輸出と言えば輸出に走り、内需拡大の号令がかかれば一斉に内需拡大一辺倒に走る日本の現状が、これからもこのままで良いのだろうかと思っていた矢先、バブルがはじけ、各界の不祥事続出と景気の低迷が報じられています。

人を押しのけ、押し倒しても、生き残ろうという過熱ぶりが、自由主義経済社会の姿なのでしょうか。もしそうであるとしたら、この社会は索漠とした社会になってしまうでしょう。

前川レポートの発表された翌年、昭和六十二年、総合保養地域整備法、いわゆる「リゾート法」が施行され、それ以後これもまた、日本列島全体がリゾート熱にうかされてきました。

それとほぼ同時にゴルフ場開発が全国に進められてきました。

そして政府は経済大国を前提として、豊かさとゆとりのある生活を目指す「生活大国」をキャッチフレーズに「時短」を率先垂範しました。

政府は、公務員を先頭に、金融機関、そしてこれに追従出来る大企業で、「生活大国」日本のくらしぶりの実現を目指したのでしょう。

ここでも政府の考えている「豊かさのかたち」を想像することが出来ます。

今、リゾートの分譲マンション購入者は都心に土地を持つ人達だそうです。生活する家も持てない人々にとって、リゾート地にマンションを持つのは夢のまた夢です。ゴルフのプレー費の比較が、雑誌に出ていましたが、平日のプレー・フィーが、米国で二三〇〇円、日本では一万四〇〇〇円になっていました。日本で二三〇〇円の出費で可能なのは、ケージの中で打つゴルフ練習場の料金くらいのものです。

(3)　労働観

日本人は働き過ぎだと言われてきました。前川レポートもそれを受けて、日本は経済大国になった今、欧米先進国並みの労働時間にして「豊かさ」と「ゆとり」を実感出来るようにすべきだと、主張しています。

戦前、日本が欧米先進国から「働き過ぎ」と非難されたということは聞いたことがありません。非難され始めたのは戦後になって、日本の輸出力が強くなってからのことです。非難されてきたのは、労働時間だけではありません。

「物まね」「ダンピング」「低賃金」も、そうです。

これらはそれぞれの国の、自国の都合で発言されてきました。

おことわりしておきますが、労働時間は長くて良いと、言っているのではありません。時間の長短を言う前に、短くても「飯が喰える環境」を作ることの方が先に解決しなければいけない問題ではないでしょうか。

今、労働時間の基準とされている「西欧先進国」の中でも、国々によって労働時間の差があり、またあって当然だと思います。英国のように規制のない国もあり、各企業によって取り決められる国もあります。

それぞれの国の民族・歴史・文化・宗教・社会習慣の中で取り上げ、それに応じて、生活の中に浸透していってはじめて内容のある、身についた豊かさに、結びつくのではないでしょうか。

労働時間に限らず、海外ではとか、西欧先進国では、といったことが政策の動機づけにされるケースがよくあります。

その問題にだけ焦点をあて、クローズアップした場合、判断を誤る危険があります。国内に人口の一〇％に相当する不法入国者――いわゆる経済難民――を抱え、苦しんでいる反面、現実的にはその安価な労働力に頼っている国もあります。

一〇％といえば日本では一千万人を超える労働者です。

何年までに、労働時間を年間一八〇〇時間にしなければならない、という追いつめられた状況をなぜつくり出していくのか理解に苦しみます。

古代ヨーロッパの歴史の中で、戦勝国が征服した国の国民を奴隷として使役していたのはご承知の通りです。奴隷が不足し、奴隷獲得のための戦争も繰り返されていました。

古代までさかのぼらなくても、十七世紀以降ヨーロッパを支配していた国々――その国々を今、我々は西欧先進国と呼んでいますが――は、世界各地に植民地を獲得しあい、収奪を重ね、そこから得た富で、現在の繁栄の基礎を築きあげてきました。

しかし、植民地の独立と解放が進むにつれて、自らが労働しなければならなくなったのが現在の彼らの姿です。アメリカについても同様で、奴隷を労働力として輸入し、労働はもともと彼らのするものではなかったのです。

人は誰でも、労働だと思えば、たとえ右にある紙一枚を左に移すだけでも苦痛になります。

労働時間の短縮も大事だと思いますが、将来にわたって人間の生活が労働から無縁のものとなり得ない限り、また、人間の本当の豊かさ、「ゆとり」が「物」だけの問題でなく、心にもあることを考えれば、人はどのような「労働観」を持っていた方が幸せなのか、併《あわ》せて考えてみる必要があります。

(4) 中小企業と製造業

平成二年、中小企業庁から『90年代の中小企業ビジョン』と題する本が刊行されました。これは先の前川レポートを受けて、出されたものだと思います。

その中で中小企業を「リスクを克服して、自ら業を起こしたり、新たな事業を展開していこうとする人々の企業家精神の発揚の場であり、社会全体の創造的挑戦の雰囲気を醸成し、経済社会の活力の源泉となっていくことは、独立多数の中小企業の基本的役割」と格調高く定義しています。

さらに「活力ある中小企業は経済社会の進歩と発展の基礎をなす自由な市場経済の本質的な構成要素であり、独立多数の大・中・小企業が競争することによって市場は活性化し、経済社会の健全な発展が確保されていく」とし、「我が国全体の従業者の約八割が働く場である」としています。

戦後、廃墟の中からの復興の中で中小の企業は大企業の下支えになり、また自ら大企業へと成長し、日本の経済再建につくしてきたのは疑いもありません。

その中小企業、特に製造業はプラザ合意の後、厳しい環境の中におかれました。

その最たるものが「前川レポート」の言う、時短の問題です。

中小企業庁の本の中で強調されているのは、日本の中小製造業は西欧に較べて労働生産性が低いので、もっと生産性を西欧並みにあげて、人手不足を解消し、週休二日制が出来るように努力しなさい、ということです。それによれば時間当たりの労働生産性は日本を一〇〇とすると、米国一四〇・一、旧西ドイツ一三〇・二、フランス一三五・〇、英国八七・一だそうです。肝心の労働生産性の算出式が記載されていないのですが、次式だろうと推測されます。

$$\frac{\text{名目GOP}\times\text{購買力平価}}{\text{就業者数}\times\text{1人当たり労働時間}}=\text{時間当たり付加価値額}$$

とすれば単純にこの式で労働生産性の比較は出来ません。

式中の購買力平価は文字通り、その国の「通貨

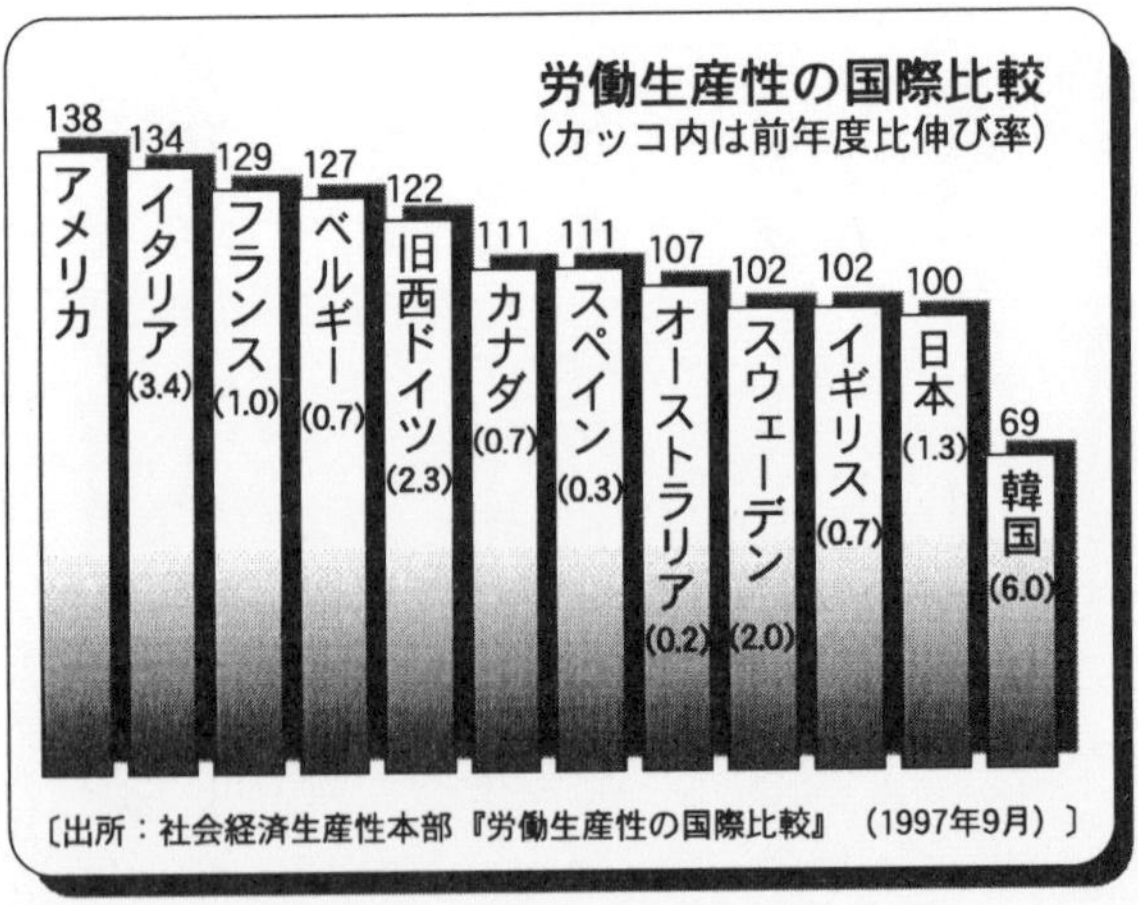

〔出所：社会経済生産性本部『労働生産性の国際比較』（1997年9月）〕

で物がどれだけ買えるか」ということですから、それぞれの国の物価が大きなファクターになります。

もし、日本の物価が外国よりも高ければ、購買力平価は小さくなり、それによって労働生産性が低いことになります。この式で日本の中小企業製造業の生産性が低いと決めつけられては、たまったものではありません。

経済統計で使われる式、この場合は労働生産性ですが、それを工場乃至は技術上の生産性に適用されては混乱が起きます。両者には基本的なスタンスの違いがあります。

工業上で言えば、生産性を左右するのは、ロットサイズの問題であり、また、製品の品質などです。もし、同じ製品を日本の中小企業と西欧先進国と競争して製造した場合、日本の厳しい品質規格を考慮に入れれば、日本の中小企業は絶対に、所謂、西欧先進国に負けません。

これは日本の中小企業のためにもゆずることは出来ません。ただ、日本の場合、小ロット生産と品質を、価格に評価してもらえないだけのことです。

ひと頃、三K産業という言葉がマスコミに取り上げられたのは、一九八五年九月の「プラザ合意」以後のことです。勿論、製造業もその中に入れられていました。オフィス中心の官庁や第三次産業と違い、製造業は三Kと言われても仕方がないかもしれません。また製造業よりも金融業の方が労働生産性が一・五倍も高いとも言われています。

一方、アメリカでも大学生は製造業に行きたがらないと言われています。自ら物を造る苦労をせずに、安易に海外生産に依存したため、技術の改良進歩も、新しい技術も芽生えてこないのです。

スティーブン・S・コーエン博士も「製造業は一国の経済にとってなくてはならないものである。製造業を失うことは、サービス業での賃金の高い雇用もなくす事」になると言っています。

資源と広い土地を持つアメリカならいざしらず、小国の日本が製造業から逃避したら、一億二千万の国民の生活をどうやって維持するのでしょうか。

ともあれ、現在中小製造業の立場は、四面楚歌《しめんそか》です。もし出来るなら明日からでも、週休二日制に踏み切りたいと思っている企業もあると思いますが「何故それが出来ないのか」、それは経営が成り立たないからです。

製造業、特に下請企業にとって加工費のアップは非常に困難なことです。プラザ合意以後、七年になりますが、もし加工製造業で加工費の値上げを認められた企業があるとすれば、それはめぐまれた企業です。よく親会社の発注方法に問題があるという意見も聞きますが、現実はそのようなめぐまれた企業ばかりではありません。もっと厳しい状況があるからこそ週休二日制に踏み切れないのです。

中小企業で週休二日制が完全実施出来るかどうかのキーポイントは実施した場合の採算性にかかっています。単純に言えば現在の加工費の一〇%アップが可能だとすれば、かなりの製造業は週休二日制に踏み切れるかもしれません。

先日、新聞紙上にデパートの売上げが伸び悩んでいると報じられていますが、その中で高級美術品の売り上げが大幅に落ち込んでいるとのことでした。

中小企業従業者にとって、高級美術品は縁遠いものですが、生活の中でのその出費は、たとえ一人一人の出費の額は少なくても、日本経済を支える一大消費群であることに間違いありません。今様に言えば「生活者」の大半を占めています。

その中小企業にも生きる道を残しておいてもらいたいものです。

(5)　提言のあとに

前川レポートは、その「基本認識」の中で、我が国経済の経常収支の大幅な黒字傾向の中で「従来の経済政策および国民生活のあり方を歴史的に転換させるべき時期を迎えている」と提言を進めています。

もし、提言がうまく機能していれば、提言の言う国民生活の向上もはかれる絶好のチャンスだったと思います。そのチャンスは円高差益の国民への還元にあったと思います。

しかし、還元は無視され内需拡大策は地価の暴騰を引き起こしました。その結果、土地を持つ者と持たざる者との間にいわれなき資産格差を生み、更に新たに土地を求めて自力で住宅を取得したいと思っていた若い人達の生涯設計の夢も奪い去ってしまったのです。

そして国内はバブル経済へと進み、その間に起きた多くの不祥事の中で報道される金額の余りにも膨大な数字に国民は言うべき言葉もありません。

更に週休二日制を苦労なく享受している階層と、悪戦苦闘して尚、手のとどかぬ階層を生み出しました。

敗戦の廃墟の中、焼け残ったトタン板を組み、細々と生活し、乏しい食料で生きのびてきた日本人には、それでも希望がありました。

明日があるからと思っていたからです。今の中小企業には夢があるのでしょうか。正に

『史記』にある通り「狡兎死《こうとし》して走狗烹《そうくに》らる」――がんばってきた人も用がなくなればポイっと捨てられる――という思いでいっぱいです。

第二章　戦後民主主義の誤り

消えた公僕《こうぼく》

戦後、民主主義のはなやかだった頃、「公僕」という言葉がはやりました。

戦後までつづいた明治憲法の下では、役人は官吏と呼ばれ、天皇の大権に基づいて任命される天皇の官吏でしたが、新しい憲法では呼称も公務員となり、憲法第十五条では「公務員を選定し、及びこれを罷免することは、国民固有の権利」であり、公務員は全体の奉仕者であると規定しています。

ここから「公僕」という言葉が流行したのだと思います。

しかし、この言葉は民主主義と一体になって生きている言葉で、決してはやり言葉ではないはずです。しかし今は全くと言っていいほど、聞かれなくなりました。

恐らく今現在、政治家の皆さんやまた、公務員の皆さんの頭の中にそんな意識は、毛頭《もうとう》ないのではないかと思います。

この言葉が国民の側からも、公務員からも、関心をひかなくなるにつれて、日本の民主主義は色あせたものになりました。

終戦当時、「主権在民」とちやほやされて、その意味も十分理解出来ずに、半世紀余り過ぎた今、国民の権利は活字の中にしか残っていないようです。

表だけを見て、裏を見ずにそのまま額の中に入れて飾ってしまった民主主義が、戦後の日本に根をおろし、成長するはずがないのは、当然のことです。

前川レポートの提言にかかわった人々は、日本の各界を代表する人々だったと思います。その方々もアメリカに対する模範答案の作成に追われ、「公僕」という二文字は脳裏に全くなかったでしょう。

「公僕」という言葉は同じ国民として、なじめない響きがありますが、「旧憲法の官吏制度の特権的性格を打破しようとする民主的理念にのっとって、新たに設けられた公務員制度」だとすれば、その「公僕」の精神は、民主主義国家を謳う、戦後の日本にとって絶対ゆるがせに出来ないものでした。

しかし、時短をめぐる政府の措置をみてもそのかけらすら見出せません。

時短は貿易摩擦問題をめぐり、欧米諸国から高まっている日本の働き過ぎの批判に応えるものと、前川レポートにありますが、そうであれば彼ら欧米諸国が問題にしているのは、直接的に言えば、第二次産業の働き過ぎのことです。

それに応じて、まず公務員が率先して模範を国民に示すことが必要であると言うのが、政府の主張です。これが「主権在民」を謳った民主国家の姿なのでしょうか。

民間企業では、たとえ大企業でも、完全週休二日制にするためには、相当の合理化と苦労をしなければ、特に製造業にとっては、並大抵のことではないと思います。

しかし、官庁は一夜にして可能にしました。とすれば、これだけの合理化が出来る「公務」には驚きとともに、今まで国民に伝えられていた「小さな政府」への人員削減、合理化の難しさは、一体何だったのか、不思議な気がします。


明治政府の方針は、遅ればせにスタートした産業の保護育成を目的とし、官主導の富国強兵策がとられてきました。その時、官庁のリーダーシップは日本の産業の発展に大きな力になりました。そして第二次大戦中の統制経済へとそのリーダーシップは変わりませんでした。

さらに戦後の混乱期から復興への道のりにも、その統制力は力を発揮したことを認めるのにやぶさかではありませんが、その結果、明治以来の官僚制度がそっくりそのまま現在まで温存され、「お上」意識がそのまま残り、政府も政党も政治家も国民も、何の疑問も持たなかったのは、残念でなりません。

今後とも、週休二日制は社会の大きな流れの中で実施されていくでしょう。

そして、弱小の企業はますます追いつめられていくことでしょう。

しかし、完全週休二日制だけが突出し、それを取り巻く状況が変わらぬ限り、弱小企業に明日はありません。

労働生産性の向上、親企業の発注方法の変更と言われますが、それは、実情を知らぬ方々の机上の空論で、そんな生易《なまやさ》しいことで解決出来る問題ではありません。一般的に下請企業の加工費は取引先の意向によって左右されます。そして、その加工費は、日本が輸出に全力をあげていた復興期から始まって、プラザ合意後の円高不況の逆風、バブル崩壊の現在まで、輸出競争力を維持するために低めに抑えられてきました。勿論、週休二日制を前提にした加工費ではありません。

これを中小企業の自助努力だけで吸収するのは、厳しい状況にあります。

親企業自身も週休二日制に完全に移行するために、相当の苦労と合理化を進めていかなくてはならなくなります。とすれば、今後そのしわ寄せが下請企業に波及してくるのは避けられません。

戦後、日本経済の発展期に「貧乏人は麦を食え」と言った宰相がいましたが、むしろこの方がさっぱりしていいます。

しかし、方法がなかったわけではありません。もし円高差益が国民に還元されて、消費者物価が一〇%下がったと仮定すれば、大胆に言えば、それこそ購買力平価が上がり、製造業の労働生産性もその分、確実に上昇したはずです。そのためにはますます複雑化している流通機構も放置しておくことは出来ませんが。

このように週休二日制にしても、そこだけに焦点をあてるのでは問題の解決につながりません。全般にわたって検討してこそ、その可能性が見出せるのではないでしょうか。

今、政府が言っていることは、順序が逆です。国民に対して「豊かさ」の前提となる条件を満たさず、結論だけの押し付けになっています。その条件が満たされた時、政府の言う「豊かさ・ゆとり」「生活大国」もはじめて「生きた言葉」になるのではないでしょうか。

ピーク時の平成四年（一九九二）度には日本は貿易黒字が十六兆三百五億円にもなったそうです。その限りに於て、日本は経済大国であることは理解出来ますが、その膨大な黒字は一体どこにいっているのでしょうか。

円高差益の偏在によって起きたバブル経済は、一部の企業と国民を豊かにしたかも知れませんが、多数の国民が享受出来たのは、電気料金の差益還元くらいで、食料費の内外格差は依然として高水準にあり、先進国から兎小屋と言われている住宅すら、プラザ合意以後、土地暴騰のため逆にますます遠のいてしまいました。

土地や住宅をすでに持っている人の買い換えは基準になりません。親からの援助もない若いサラリーマンが、一生懸命働いて零から出発して住宅を持てるようになってこそ、豊かになったと言えるのではないでしょうか。

土地バブルは「いわれなき資産格差」を生み出しました。

真面目に一生働いても、家一軒持てぬ人々を多く抱えている国が経済大国、生活大国と言えるでしょうか。

日本に出稼ぎに来ている外国人労働者が、日本で一年乃至二年働いて国に帰って家を建てるつもりだと言っています。

この話に複雑な思いをしている日本人も少なくないのではないかと思います。

繰り返せば、政府の主張する「生活大国」を実現するための「時短」は、その駒だけに焦点をあてて、盤全体、国全体に対する目くばりが欠けています。

差益還元、流通機構、土地高、消費者物価等々の他の駒との関連の中で駒を動かさなければ、それこそ手順前後におちいってしまいます。

プラザ合意まで、まっしぐらにかけ上る道程は一本道で、日本経済発展の道に迷いはなかったと思います。

しかし、それ以後の道は、複雑多岐で一本道ではありません。

特に円高差益に伴う富の分配についていては、決してうまくいっているとは思えません。

第二次大戦後、日本は憲法も変え、民主主義国家としてスタートした以上、新しいよそおいの公務員には太った殿様蛙《とのさまがえる》になってもらいたくありません。国全体を見通せる立場にいる国家公務員の公僕としての本領を発揮してもらいたいのはこれからです。

勿論、政治も変わらなければならないでしょう。

補助金一つを例にとっても、政党の集票の下敷きに使われていては、まともな政治は期待出来ません。これからの日本の政治は変わらなくてはいけません。そして公務員にも「縄張り」とか「権限」とかいった旧来のしきたりから解放された新しいタイプのテクノクラートを期待したいと思います。

そして何よりも公僕としての、特権的性格を打破しようとした「戦後の誓い」を忘れないで欲しいと思います。

新しい世紀は、皆さんと我々国民が一緒になって政治を改革していかなくては、日本の展望は開けてこないと思います。

中選挙区制―お願い選挙―

（現在の選挙制度は、小選挙区制に比例代表制をとり入れたものに変わっていますが、選挙に対する要望は変わりません）

選挙の季節になると、立候補予定者をはじめ、関係者は寝るひまもないほど、忙しいそうです。何しろ当選するかしないかは、天国と地獄の差があるそうですから無理もありません。しかし投票する側にも悩みがない訳ではありません。

戦後、衆議院・参議院を含めて何十回も国会議員の選挙がありましたが、いつもこれでいいのか、と思わずにはおれませんでした。

民主国家の政治は政党政治のはずです。ところが現実の選挙になると、政党は二の次になり、候補者個人が前面にでてきます。

戦後政治の最大の誤りは、主権者が国民になったにもかかわらず、戦前と同じ選挙方法をとってきたことです。この誤りを繰り返しているうちに、国民も慣らされて、戦前と同じ感覚で、選挙も政治もみるようになってしまいました。

「党か人か、どちらに投票しますか」という質問も本来あり得ない質問です。

しかし、現実にはよく聞く質問です。

戦争中の一時期を除き、戦前も日本は政党政治のかたちを採ってきました。

しかし、同じ政党政治とは言え、戦前の政党政治は立憲君主制の下でのことで、戦後の民主制の下の政党政治とは本質的に違わなければなりません。

よく「民主主義の原点に戻って」という言葉を政治家が言うのを聞いたことがあります。「民主主義の原点」は「民意をいかに忠実に政治に反映させるか」にあります。とすれば最初に民意があり、政策があって政党があり、そして政党政治につながります。

戦前の政党政治は、はじめにボスありきで、政党政治というよりも「ボス政治」ではなかったかと思います。そして戦後、国家体制が天皇制から民主制に変わったにもかかわらず、政党政治の実体は、戦前と変わらないように思えてなりません。

勿論、登場する政党は戦前と違い、それぞれの党の綱領も、民主国家にふさわしいものになっているに違いありません。また戦前の非合法政党もその存在を認められています。

民主主義国家で「民意」を政治に反映させるためには、民主制にふさわしい選挙法が前提条件にならなくてはなりません。

しかし、非常に残念なことに旧体制下の選挙制度が、そのまま戦後の民主政治に温存されてしまいました。

戦後、女性の参政権が認められ、形の上での民主政治の体制は整えられましたが、肝心の選挙制度はそのまま放置されたままで、現在に至っています。

民主政治にふさわしい政党政治を期待するためには、政党を選ぶ選挙法に、根本的にかえなくては不可能です。

ご承知のように、日本が今、よりどころにしている民主制は、間接民主制で、国民自らが直接、国家意志の決定と執行に参加する直接民主制とは違います。

国民自らの意志を、自ら選んだ代表党を通じて、間接的に国家意志の決定とその執行に反映させるものです。

であれば、自ら選んだ代表＝政党に重大な権限を委託する訳ですから、選挙権をあだやおろそかにする訳にはいきません。

言うなれば、投票用紙は政治に対する白紙委任状です。

それほど重要なものを個人に、ましてや、お願いされて投票する訳にはいきません。

以前行われていた選挙制度は、中選挙区制といわれ、複数の候補者の中から一人の候補者を選ぶ方法であることは先刻御承知のとおりです。（その後、中選挙区制から小選挙区制へと改正になりました）

この中選挙区制は、昭和三年（一九二八年）に行われた第一回普通選挙の時から、連綿として受け継がれてきました。

この中選挙区制は、議員の定数が複数になり、一つの選挙区の中で同じ政党から複数の候補者が立つケースが出てきます。

その時、同一政党の中で議席を争うことが必然的に起こり、その結果、民主制政党政治にとって欠かすことができない政策論争は全く聞くことは出来ません。

考えてみれば、これほど、不思議な選挙はありません。政党政治の基本になる政策は完全にかすんでしまいます。

立候補者にとっても、これほど矛盾した選挙をしなければならないのはお気の毒です。

勢い選挙戦は同じ党であっても、いや同じ党であるからこそ、一層、人対人の争いになってしまうのは自明の理です。

これでは選挙民が戸惑うのは当たり前で、本来政党を選ぶ選挙が、いつの間にか人を選ぶ選挙にすり変わっています。これは民主政治とは似ても似つかぬものです。

これほど、民主政治から、かけ離れた選挙制度が戦後五十年も続いていたのです。

中選挙区制の下では、候補者は、ひたすら「お願い選挙」にならざるを得ません。そして当選のあかつきには、逆に「お願いされる」ことになり、この循環はとめどもなく続くことになります。

その結果、有権者にアピールし、当選するためには、政治家としての資質よりも別のものが必要になります。

それは、巷間《こうかん》よく言われている「地盤・看板・鞄《かばん》」の三つです。

その中で「地盤」について言えば、よく政治家は一国一城の主と言われています。とすれば、選挙区はその領地で選挙民は領民になってしまい、それこそ封建制の現代版になってしまいます。その上、今、議員の世襲化が進んでいると言われると、戦後の日本の民主主義はどこへいったのか首をかしげたくなります。勿論、世襲議員の中にも優れた人はいます。しかし、世襲化を生み易い温床となる選挙制度は決して良いとは言えません。

優秀な人であれば選挙制度が変わっても当選する筈です。

候補者にとって、最大の関心事は当選することにあるのは間違いありません。当落が政策抜き、政治抜きの次元で決まるとすれば、候補者の関心がそちらに向かうのが当然の成り行きです。

中選挙区制度の見直しが論議されはじめた、その発端はリクルートをめぐる汚職事件と聞いています。

戦後、政治をゆるがす汚職事件は何回もありました。そのたびに言われてきたのは、選挙に金がかかるから、どうしても汚職が起き易いということでした。

政治改革案の方向は二つあげられています。一つは違憲状態にある「一票の格差」の是正と、二つは、金がかかり汚職を生み易い選挙制度の見直しです。

「一票の格差」については、去る一九九〇年（平成二年）二月に行われた衆議院の総選挙で議員一人当たりの有権者数が最大で三・一八倍の格差がありました。それを受けた有権者の訴訟に対し、東京高裁から違憲とは言えない、という判決が出されました。

一票の格差は首都圏に集中しており、また年とともに変化しています。

（二〇〇〇年三月末日現在における小選挙区間の格差をみると、衆議院議員一人当たりの選挙人名簿登録者数が最も多いのは神奈川七区の五九万二九三七人、最も少ないのは島根三区の二三万八四四八人で、格差は二・四九倍ありました〔次頁〕）

いずれにしても、圧倒的に大都市周辺に不均衡が大きく、都市近郊住民の意志が如何に国政に反映されていないか、その原因の一つを垣間みることが出来ます。

しかし、その一票の格差の是正ですむものではないのです。

また、格差が三倍を超えるのは困る二倍までならよいというのもおかしな話です。

格差は限りなく一に近づかなければなりません。

平成12年（2000年）３月末現在
衆院小選挙区の「一票の格差」

	順位	選挙区	人口	格差
【多い順】	1	神奈川７区	592, 937	2.49
	2	神奈川14区	591, 552	2.48
	3	愛　知10区	573, 352	2.41
	4	愛　知６区	572, 524	2.40
	5	兵　庫６区	558, 472	2.34
【少ない順】	1	島　根３区	238, 448	1.00
	2	高　知３区	249, 606	1.05
	3	徳　島３区	259, 076	1.09
	4	島　根２区	261, 371	1.10
	5	島　根１区	263, 880	1.11

(注) 格差は島根３区の人口に対する比率。

平成３年（1991年）

		人口/定数	東京八区との格差
1	神奈川　四区	460,265	3.34
2	千　葉　四区	459,327	3.33
3	埼　玉　五区	431,039	3.12
4	埼　玉　一区	423,847	3.07
5	神奈川　三区	419,716	3.04
6	埼　玉　二区	418,385	3.03
7	広　島　一区	410,969	2.98
8	大　阪　五区	408,231	2.96
9	福　岡　一区	407,343	2.95
10	東　京　七区	399,331	2.89
	東　京　八区	137,960	1.00

中選挙区制の最も重大な欠陥は、戦後の日本と国民に民主主義を根付かせる最大の障害になったことです。

この中選挙区制が続く限り、日本の政治は絶対に良くならないと確信しています。従来の中選挙区制は顔の選挙を生み、顔の選挙は顔の政治を生みます。

国民が投票用紙を白紙委任状にしてしまっては民主主義が期待出来るはずがありません。政治改革が叫ばれている今、国民も政治改革の行方を見守る必要があります。

現在、小選挙区制に対してもいろいろな論議が行われていますが、最大のポイントはその運用方法如何にあります。

これによって日本が民主主義のスタートラインに立てるかどうかが決まります。日本の民主主義はそこから始まると言っても過言ではありません。

選挙制度の見直しの動機が、その属性のもたらす数々の弊害に焦点を当てたものになっており、確かにその点からも見直しをする必要性は十分にありますが、もっと重要なことは、中選挙区制が続く限り、民主主義の基本理念が根底からくつがえされ、民主主義の根幹にもかかわる問題だという認識が必要だということです。

民主主義国家を名乗る限り、党利党略に満ちた選挙は民主主義とは全く異質のものであり、少なくとも初期の民衆デモクラシー時代から、自ら判断出来るほど、進歩しつつある現代の我々民衆にふさわしい選挙制度でないことは明白な事実です。

そしてこの議員選挙制度に対する姿勢の中に、我々は各政党の民主主義に対する認識と姿勢を推し量ることが出来ます。

選挙制度をより良くし、票の格差をなくすことは、間接民主制国家、日本の将来にかかわる重大問題です。

第三章　政治への提言

土地と資産格差

昔、国を治める者には「水を治める」ことが要求されました。治水は人々の生活に欠かすことが出来なかったからです。農耕民族にとって水をコントロール出来るか出来ないかは死活の問題でした。特に水稲が農耕の中心であった日本では、尚更のことです。

この「治水」を今の日本にあてはめれば、「土地を治める」ことになるのではないでしょうか。

ご承知の通り、ここバブル経済期の地価の高騰は、大河の氾濫のように日本全土を水浸しにしてしまいました。

今でこそ、水嵩の増加は一時的に休止状態で、全国的には減少方向にあると伝えられていますが、氾濫前に較べれば微々たるものです。

昔の水の氾濫は、多くは天災によるものです。当時の為政者は、その「天災」を防ぐため懸命に治水に取り組みました。

現在の地価高騰はあきらかに「人災」です。それにもかかわらず、為政者は手を拱《こまね》いていました。打つ手、打つ手が後手に廻り、結果はご承知の通りです。

折角、対策の一つとして取り上げられた地価税も、識者によれば骨抜きの状態だそうです。この地価高騰は、国民に様々な影響を与えていますが、そのいずれもが深刻な問題です。若いサラリーマンが結婚し一家を構えて生活の場を築こうと思っても、大都市近郊では全く夢物語になってしまいました。

独身時代であればともかく、家庭を持ち子供を育てるようになれば、自分の家を持ちたいと思うのは当然の願いでしょう。

サラリーマンが家の購入資金に充当できるのは、年収の五倍までと言われています。

現状は、それをはるかに超えてしまいました。土地は食と並んで国民の生活必需品です。

現在の政策は土地を持たない若い人々の一生の夢を確実に奪っていることを、政治家の皆さんは知っているのでしょうか。

最近、出生率の低下が問題になっていますが、このままでいくと二十一世紀には人口が一億を切ってしまうそうです。

出生率の低下には色々な要因があると思いますが、アンケートに答えていた若い主婦の中には、子供は欲しいが狭いアパートの中で、子供が小さいうちはともかく、成長した時のことを想像すると、考えざるを得ないという発言がありました。

土地高騰のつけは思わぬ方向にも波及していくようです。

地価の高騰は国民の間にいわれなき資産格差をひきおこしました。

日本では所得格差には、きつい見方をします。そのため、欧米諸国に比べると所得の格差は、ずっと小さいと言われています。外国では、企業のトップと社員との年俸の差は日本とは比較にならぬほど大きいそうです。

戦後の日本の平等意識が、機会の平等ではなく、結果の平等を主張してきた影響だと思います。しかし、その割には資産格差にはあまいようです。

しかし、今起きている地価高騰による資産格差は所得格差の比ではありません。

人よりも汗をかき、他人には無い技量を持っているところから生まれる所得格差は、活力のある社会には必要なエネルギー源です。

努力せずに、親から譲り受けた土地が、わずか数年の間に一生汗をかいて働いた人の、生涯労働所得を上廻る資産格差を引き起こす日本の現状は社会の正義にもとります。

一九八五年九月のプラザ合意後のこの七年間は、新しい無産階級を創り出しました。現在または将来に向かって放置出来ない課題だと思います。

中小企業

今、中小企業が抱えている最大の問題は人手不足と労働時間短縮の問題です。

特に製造業の中小企業では労働時間を短縮するために完全週休二日制にすると、月の稼働日が二十日乃至二十一日になり、赤字に転落してしまいます。

製造加工業では、二十日稼動がほぼ損益分岐点になり、週休二日制にして採算をとるためには、加工費を一割以上アップしなければならなくなります。しかしサービス業と違い、製造業では、加工費のアップを中々認めてもらえません。中小企業の週休二日制移行を妨げる問題点として、識者の間では親会社の発注方法に問題があるとされていますが、土曜休日にした時、採算がとれないという、強烈な現実には目をそむけています。

例を製造業にとりましたが、勿論製造業だけの問題ではありません。他の中小企業も同じ状況におかれていると思います。

中小企業は、我が国全体の就業者の約八割の人が働いている分野です。企業数、就業人口では大企業に較べ圧倒的に多いのですが、その割には政策の蚊帳の外におかれています。

それはこれまでの政治体制では政策への影響力を持てなかったからです。しかし、国民の平均的レベルと言えば、中小企業従事者とその家族です。このグループが、今まで中流を意識してこれたのは、日本にとって幸いでしたし、今後も是非そうありたいと思います。が、このままでは楽観できません。

政府は中小企業グループに対して政治上の位置づけを明確にし、国民の多数派に対する配慮を示すべきだと思います。

中小企業はその多様性のため、最大公約数を見出しにくく、従来の政治感覚からすれば手間がかかる分野であることは間違いありません。しかし、国民の大多数がこのグループに属していることを忘れないで下さい。

具体的には、現在の中小企業庁を昇格し、省とし、担当大臣を置いて、政治への発言力を高めることです。

現在、中小企業庁も熱心に中小企業を指導しています。しかし、政治力は極めて弱いと言わざるを得ません。製造業の中でも大企業と中小企業との間には実力で大きな落差があります。

優等生の大企業は難問を容易にクリアしても、中小企業では悪戦苦闘が続いています。大企業なくして日本の製造業を語れないのは勿論ですが、中小企業の存在も無視することは出来ません。

中小企業は、世間が忙しい時にはそれ以上に忙しく、景気が後退すれば、そのしわよせは一番先に中小企業がかぶらなければなりません。中小企業は好むと好まざるとにかかわらず景気の調整弁を担わされています。

そうした立場の弱い中小企業が個性を発揮し、活力の場となる社会を作る必要があります。反対に萎縮するようでは、国民のエネルギーも沈滞してしまい、活力ある社会は期待できません。

各国のエリート集団である大企業同士を比べれば、欧米先進国も日本も、分野によって多少の違いはあっても大きな差はないでしょう。問題は、その国々の中小企業群のエネルギーとその意識が、その国の潜在能力を位置づけます。

イギリスのサッチャー前首相が政策の中で、勤労者が家を持てるようにと進めた持ち家制度の推進は、頑迷なイギリス階級社会の中に徐々に中流意識を芽生えさせ、労働党政権下の「ゆり籠から墓場まで」に象徴される無気力な社会に活力のきざしを与えてきていました。

日本でも中小企業群が「ゆとり」と「豊かさ」を感じるようになった時、初めて全体が経済大国になったと言えるのではないでしょうか。

その中小企業を窒息させないようにお願いしたいと思います。

政治力がイコール圧力団体の政治は、民主政治を混乱させます。しかし、国会の場で中小企業の立場に立って堂々と発言してもらう為には、中小企業の担当大臣は欠かすことが出来ない存在です。

社会資本の充実

日米構造協議の中で、日本は一九九一年から向こう十年間、二十一世紀までに総額四百三十兆円の公共投資を約束しています。

経済大国と言われる日本ですが、国民全体の生活の豊かさを支えている生活関連の社会資本は、欧米に比べて貧しいと聞いています。その一例として下水道普及率を比べると（平成四年）、米国七五％、英国九五％、旧西独九一％に対し、日本は四〇％前後だそうです。そのほか一人当たりの公園面積、河川整備、道路舗装率など、いずれも見劣りします。

公共投資は、生活関連も含んで行われますが、首都圏では資金の九割以上が土地代に食われてしまうのが実態だそうです。（日本経済新聞社編『テラスで読む日本経済読本』二二〇〜二二二頁参照）

問題は折角の四百三十兆円の膨大な資金が、土地高騰のため投資の効率を悪くし、後の世代に残る社会資本がいつまでも貧しいままで終わってしまうことです。

このようなチャンスは、将来期待出来るかどうかわからないと言われている時期に、この有りさまでは情けなくなります。

今、国民は政府から「豊かさとゆとり」を感じなさいと言われています。

しかし、「豊かさ・ゆとり」は社会資本、なかんずく生活関連の資本が先進国並み、いやそれ以上になった時、国民は言われなくても自然に豊かさとゆとりを感じます。


大型連休の度に繰り返される交通渋滞、都市部の駐車場不足から路上に溢れる駐車の列が、道路機能を麻痺させる一方で、新しい道路計画が発表になる頃には値上がりしてしまっている道路予定地……、この繰り返しを今後も続けていく限り、新しい世紀に伝える社会資本の充実も、それによって得られる豊かさも、望めそうもありません。

この点からも公共投資も含めて、社会資本の充実は猶予出来ない問題で、国民の血税の無駄使いにならぬよう、願うものです。

税

我々国民にとって身近なものでありながら、税ほど不可解なものはほかに例がないのではないかと思います。

特に給与所得者の場合、毎月給与から税金、その他を差し引かれた金額と、一片の明細書の入った袋を受け取ります。銀行振り込みの人は給与明細書が一枚入っているだけです。そして年一回、十二月の年末調整で何がしかの金額が戻ってくると大喜びしているのが給与所得者の姿です。一見無頓着のようですが、そうではありません。ただ入社した時から、税金は天引きされるものと思っているだけです。しかし、巷で税の捕捉率として、九・六・四という数字を聞くと、心おだやかではありません。六が何で、四がどういう人達か知りませんが、九が給与生活者を指していることは言われなくてもわかります。

そして給与生活者は、自分達だけが硝子《ガラス》張りの中で税金を払い、他の人達は薮《やぶ》の中なのを非常に不満に思っています。

納税者番号という言葉を聞いたことがあります。これは九・六・四といわれる税の捕捉の不平等を改善するために考えられたそうですが、この制度は国民に背番号をつけるもので、個人のプライバシーの侵害になるという反論があり、見送られているそうです。

しかし、国民全員一人一人が戸籍を持ち、また国民の大部分が所持している運転免許証の番号もいわば背番号のようなものではありませんか。

何故ここで、税の抜け道を防ぐきめ手の一つと言われる、納税者番号がプライバシーの侵害という問題にすりかえられるのか、理解出来ません。

税に対して国民は十人が十人、拒否反応を示すでしょう。しかし税は国家を形成し国民の社会を機能させる不可欠な財源であり、ましてや主権が国民に移った民主国家になった今、税は国民全体のものです。

しかし、頭では理解しても、現実とは差があります。

たとえ民主国家になっても、税は取られるものというのが第一感です。そして取るのが国家です。

単純に考えれば、税イコール国家、と国民は考えます。その為、税に対する不信感は国家に対する不信感につながります。

その不信感は税の「公平さ」と「使い方」に完全に集約されます。

公平といっても、きりがありませんが、少なくとも、九・六・四が大手を振って通用するようでは正義に反します。

ともかく、税は適用の仕方一つで生き生きとした社会にもなり、暗い社会にもなります。

税は魔法の杖《つえ》で、上手に機能させれば社会の活性化につながり、それこそ「見えざる手」として、これからの社会の活動の原動力とすることが可能だと思います。

税とのつきあいを避けて通れない国民に、税に抱いている認識を変えてもらうことは民主国家の政府として、最大の政治の問題だという認識が絶対に必要だと思います。

国民一人一人は税という糸で、国に直接、結びつけられています。

民主主義国家が円滑に育っていく為には、主権者である国民に税をよく知ってもらうことが大切です。いつの日か、消費税の税率が問題になる日がくるかも知れません。その時のためにも政府は努力を怠ってはなりません。

〝税〟という言葉につきまとっている有史以来のイメージを払拭《ふっしょく》し、気持ちよく税を払える方法を検討すべきだと思います。

職業としての国会議員

国会議員の報酬は歳費として国から支給されますが、その額は一般職の国家公務員の最高の給与額より少なくない額とされています。具体的に言えば、一般議員の歳費は事務次官の俸給月額に相当する金額とされており、これによれば、平成二年一月一日現在で、月額百十二万五千円になります。この外、年三回の期末手当が三月、六月、十二月に支給され、その額は年間約五百三十四万円余になり、前記俸給月額と合算すると年俸は約二千三十四万円になります。

この外に文書通信費として月額七十五万円、立法事務費六十五万円が別に支給されます。現在の議員の人々が、どういう動機で議員になられたのか知りたいところですが、国民は我々に代わって国政を担ってもらっている人々と考えています。

国政の重要性と責任は時代を問いませんが、国政をあずかる責任を考えると、その報酬は十分とは言えないと思います。

一般の社会で活躍している一流と言われる人達は、それなりの高額の報酬を得ています。プロのスポーツ界、また、芸能の部門でも、一流と言われる人達は年齢に関係なく、高収入を得ています。これらの人達はそれぞれ能力を持った人ですから、国民も当たり前のことと受け取っています。

今、責任を単純に報酬でおしはかったり、また、全く異なった分野との比較で、とやかく言うつもりは全くありませんが、少なくとも何十万人の国民の代表として働いている人には、それ相応の報酬を我々国民は支払うべきだと思います。

それは国会議員という職業が、他の職業に見劣りしない報酬でなければならないと思います。

特に新しい時代の政治を担う国会議員は、議員職をはっきりと職業として自他共に認める必要があります。

議員の個人的な奉仕、ましてや名誉心、役得にたよって国政がおこなわれるようでは、国民は困ります。

歳費の低さがこれまでの不祥事につながったとは全く思ってもいませんが、万が一にも誘因の一つになっていたとしたら、国民の損失は計りしれないものがあります。

国会議員という職業は誘惑の多い職業なのかも知れません。また、国民の注目をあびていることは間違いありません。であれば、何はさておいても「李下《りか》に冠《かんむり》を正さず」で少しでも国民に疑いを持たれるような行為は絶対つつしむべきです。

民主主義国の国会議員は、国政を通じて国民に奉仕してもらわなければなりません。国民からみれば最高の公僕が国会議員なのです。

国会議員という職業を、新人や若い人々に広く魅力のある職業にしなければ、優秀な人材も集まりません。金額の多寡で云々するつもりは全くありませんが、新時代の議員の責任は、今まで以上の苦労と努力が要求されます。

国民の代表として、年俸が一億円を超えてもおかしくないと思います。国民一人当たりにすれば年間わずかな出費です。

日本の将来を託すには少な過ぎても、多過ぎる額とは思われません。

第四章　新党のすすめ

歴史的転換の時

占領下という特殊な状況の中で、お仕着せでスタートした民主主義も中身はともかく、持ち前の器用さで着こなして半世紀余がたちました。また、一方で、これだけの経済復興が出来たのは、政治が一貫して安定していたことがあげられます。その点は評価されて良いと思います。

しかし経済の急速な発展は国際的に大きな影響を与え、一九八五年のプラザ合意はその最たるものでした。

この合意は急成長を続けてきた日本経済のターニング・ポイントになった訳ですが、見方を変えれば、経済の「軍縮」と言えないこともないと思います。

それはその後の「日米構造協議」にうかがうことが出来ます。

一方、国内ではプラザ合意を受けて昭和六十一年（一九八六）に中曽根首相（当時）の私的諮問機関（経構研）による「前川レポート」の発表があり、その方針は政府の政策として取り上げられ、現在国内の政治、経済、そして我々国民の生活に直接大きな影響を与えています。

それは、土地を持つ人、持たざる人の資産格差の拡大、内需の過熱による人手不足と週休二日制への対応に悲鳴をあげる中小企業群、サービス業に対する製造業の不人気、経済バブルとその崩壊など数えあげればきりがありません。

プラザ合意は戦後の日本経済の転換点であると同時に、戦後政治の見直しを迫っています。

一本調子の経済発展の環境づくりで良かった政治は終わりました。

今ほど、政治に的確な判断力と決断を求められている時はありません。眼を転じて世界をみても、世界は今歴史に残る大きな変革の時代を迎えています。その時、政治が時代を錯誤したイデオロギー論や、裃《かみしも》を着た建前論に終始し、圧力団体の突き上げで右に左に揺れ動き、国会が党利党略で空転しているのを見ていると、政治と国会がタイムスリップしたカプセルの中にとじこめられている錯覚におちいります。国内を、また、国外を見ても、政治が機能しなくてはならない時代が始まっているというのに、残念でなりません。

今、日本の各地でリゾート開発が進められています。しかし、このリゾート開発も国民のためのリゾートとしての役目を果たしてくれるものでしょうか。どのリゾートも宿泊費の高い高級ホテルを核にしたものです。リゾートは家族を中心とした親子連れが安価に余暇を過ごせるものでなければ、国民のリゾートとは言えないでしょう。

一泊数万円もする高級リゾートホテルに、家族同伴で数日過ごしたら、どれだけの出費になるのでしょうか。

フランス政府が二十年の歳月をかけて造ったラングドック・ルシオンは、マルセイユからスペイン国境に至る約百八十キロの海岸線に、年間五百万人の庶民が安価な施設を利用して、バカンスを楽しんでいるリゾートだそうです。

その成功の理由として

① 政府が二万五千ヘクタールの広大な土地を先行取得し、土地投機を封じ込めた。
② 開発可能区域と自然保全区域、開発禁止区域などの線引きを徹底した。
③ 安価で別荘を分譲した。

が、あげられています。（中部経済新聞、平成三年八月十日所載「環瀬戸内海振興計画研究会」レポートより）

これを見ても、フランス政府が周到な計画の下に、政策を先行させているのがわかります。

今、日本で高価なリゾートを楽しめる人々は、全体からみれば一握りの人達です。経済大国と言われる日本ですが、リゾートとは言わないまでも、住宅問題にフランス政府並みの取り組みをして欲しかったと思います。

前川レポートに「経済政策、国民生活のあり方を歴史的に転換させるべき時期を迎えている」とありますが、政治こそ、歴史的転換をさせる動力となるべきです。

政治を抜きにした転換は御覧の通り、自由主義経済の悪い面だけが強調され、公正であるべき競争原理は踏みにじられ、実業より虚業が闊歩しています。目の当たりにするサクセス・ストーリーのなんと貧しいことか、これでは社会の正義は消し飛んでしまいます。

国民はよりどころを、どこに求めたら良いのかわかりません。

もう政治に歴史的転換を求めるより外に、方法はありません。

歴史的転換とは、戦後政治の根本的見直しです。

それは今一度、敗戦の日にさかのぼり、それこそ政治家の人々がことあるごとに言う

「民主主義の原点」に戻って考え直してもらうことしかありません。

しかし、それは可能でしょうか?。

それは政治家の人々にとってかなり痛みを伴うと思います。

これまでも常に、政治改革の要望は国民からもありましたが、政治家からも積極的な発言がありました。

政治改革の一つとして選挙法の改正案が出された時点では、真剣に取り組んでおられると思いましたが、結果は惨澹たるものでした。

完全とは言えなくても、従来からみれば民主主義の核心に触れた案だと思っていましたが、そこにあるのは、政治家個人や派閥の利害と、党利党略しかない、今まで何回も繰り広げられてきた独特な政治力学の繰り返しでした。

既成の政党、政治家に、自ら痛みの伴う政治改革を求めるのは、所詮不可能と考えざるを得ません。

とすれば、国民は新たな政党を求めて、一緒になって政治改革を進めるより外に方法は残されていません。

民主国家を文字通り標榜する限り、事ここに至ったのは、国民にも一半の責任があります。

投票用紙を白紙委任状にしてしまっていたのでは、民主政治は実現出来ません。

独裁国家もその多くは、何らかの形で選挙の形を採っています。

問題は、その選挙法が民意を忠実に反映出来る選挙法になっているか否かです。

現在も政治改革は論議されていますが、その内容は小手先のもので、民主主義の本質からほど遠く、問題の先送りさえも、ささやかれています。

この状態をいつまでも続ける訳にはいかないのです。なるべく早く、日本を民主主義の軌道に乗せなくてはなりません。

幸い既成政党の中にも、民主主義を理解している方々もおられます。国民の多数を占めるサイレンス・マジョリティ＝「やせ蛙」の意見が通る新勢力の出現を心から期待するものです。

国民は何故豊かさを感じられないのか

プラザ合意の翌年、前川レポートが発表されてから多くの年月が経過しました。その間、日本は前川レポートの提言を受けて、政府の強力な指導の下に内需拡大が進められてきました。

そして国民は世界の経済大国になったのだから「豊かさ」と「ゆとり」を感じなさいと言われています。

しかし、政府の言う「豊かさ・ゆとり」の形とは一体どういう「かたち」なのでしょうか。

提言とその後の政府の発言の中から推しはかれば、

(1) 個人消費の増加
(2) 労働時間の短縮
です。

それは提言の中の1、内需拡大、(2)項「消費生活の充実」の中にあります。

内需拡大のために政府は減税もし、国民にお金をたくさん使ってもらい、労働時間も短縮して、国民は欧米先進国並みの生活を享受しなさいということです。

提言の中にあるように、内需拡大の目玉は住宅にありました。

しかし、その現状は惨澹たるものになりました。

一部の企業、資産家の土地投機による地価暴騰は東京に始まり、またたく間に全国に広がってしまいました。そして住宅は、サラリーマンが一生かかっても手に入れることが出来ないほどになってしまいました。

人は、自分が欲しい物を手に入れた時、満足感を味わうことが出来ます。それが心のゆとりを生み、政府から言われなくても自然に「豊かさ」とか「ゆとり」を感じます。

食と並んで住は生活に必需のものです。そのいずれが欠けても、とてもゆとりも豊かさも感じられません。

ブランド商品で身を装い、フランス製の高級ワインをかたむけながら、長期休暇をリゾートで過ごす、こういう生活を「豊かさのかたち」と提言も政府も考えているのかも知れません。

しかし、日常生活の場すら確保出来ない国民にとっては所詮《しょせん》高根の花です。

日常の生活が充実してこそ「ゆとり」につながるのではないでしょうか。それとも国民にその日暮らしの浮草のような生活をしろ、と言うのでしょうか。

国民が欲しがっているのは住む家です。住宅を手に入れるためには節約し、人よりも働いて頑張るというのが庶民の考え方です。

我慢しても先に夢があり、目標があれば、苦労も苦労とは思いません。

しかし、政府は国民の欲しがっている物はくれません。それどころか、一番欲しがっている物を一生かかっても手に入れることが出来ない状況にして、なおかつ豊かさを感じなさいというのは、本末転倒です。

プラザ合意までは、住宅は国民の手の届く所にありました。一生懸命働けばたとえ先進国から兎小屋と嘲笑されようと、望みはかなえられました。

家を持つ希望を奪われた人々に、持つことをあきらめて、その時その時の豊かさを感じなさいと言ってもそれは空しいものでしかありません。何故このようになっていったのか、その回答は提言の中に見出すことが出来ます。

提言の中の1、内需拡大、(1)の①の中に明らかです。

再び引用すれば、住宅対策および都市再開発事業は「民間活力の活用を中心に事業規模の拡大を図る。……」云々とあります。

プラザ合意の結果、急遽内需拡大策を採らざるを得なくなった日本は、最も効果的な内需拡大策の最重点項目として、「住宅」を取り上げながら、民間活力を中心におき、政府が直接関与することを避けたのは、責任回避と言わざるを得ません。

国民の住宅問題は民心の安定につながる国家的事業です。しかも対外的要求を吸収するのにこれほど政府にとって都合の良いものはなかったと思います。

結果は、政府は音頭を取るだけで住宅問題は野放しの状態になりました。

ここに、戦後の政治の、国民に対する姿勢をうかがい知ることが出来ます。

外を急ぐ余り、内なる国民に対する思いやりが感じられません。

もし政府、地方自治体が陣頭指揮をしていれば、住宅政策の核心にある土地価格を含めた土地政策を避けて通れなかったはずです。

恐らく賢明な計画者は、意図して火中の栗を拾おうとはしなかったのでしょう。

また、膨大な円高差益が国民の手に確実に還元されていたら、多少の時間はかかっても着実な内需拡大は可能で、バブル経済を経験せずに今頃、国民は豊かさを自ら感じていたと思います。

しかし、すべてのしわ寄せは最も弱い立場の最終消費者である国民が、かぶらなければならなくなりました。

もし、政党も政治家も、そんなことは考えなかったと言うのでしたら、政治と国民の間に深い溝《みぞ》が出来上がってしまっていると言わざるを得ません。

この溝は埋める必要があります。

比例代表制の意味するもの

第二章で中選挙区制が党を選ぶのではなく、人を選ぶ選挙になっており、それが今日の政治の弊害の根源になっていたことを申しました。

今、新党の誕生を期待するに当たって、新党が国民の民意の受け皿になるには、中選挙区制に代わる新しい選挙制度がどうしても必要です。

先に出された与党の政治改革案も、中選挙区制の弊害を認め衆院選挙制度の改革案を出したのです。

その骨子は

小選挙区と比例代表並立制をとる。
衆院定数の六〇％を小選挙区、四〇％を比例代表で選ぶ。（衆院定数を五〇一人とすれば、三〇一人を小選挙区、二〇〇人を比例代表とする）
小選挙区の数を三〇〇とする。
というものでした。
＊平成六年（一九九四）に成立した小選挙比例代表並立制は衆院定数を五〇〇人として、三〇〇人を小選挙区、二〇〇人を比例代表としました。その後比例代表が一八〇人となり定数四八〇人と改正されました。
中選挙区に代わって小選挙区が取り上げられたのは、選挙区の面積が小選挙区の方が何分の一かに狭くなり、その分、選挙費用も減少するという意見ですが、果してそうなるか疑問があります。

狭くなった分、金をかける密度をあげれば単純に選挙費用の減少に結びつかないでしょう。

小選挙区制は一人一区の選挙ですが、本質的に依然として「顔」の選挙であり、その弊害は中選挙区制と何ら変わるところはありません。

それに較べて比例代表制は、日本の国民が本当に民主主義を願うのであれば、この比例代表制の選挙制度は必須の条件です。

比例代表制の選挙制度無くして、民主主義国家の存在は考えられません。

ご承知のように、比例代表制は、政党の得票率に比例して議席を割り振る制度です。

そのため、現在問題になっている一票の格差と、それに伴う定数是正の問題も解消されなければなりません。

比例代表制の最大の特色は、「民意の正確な反映」にあると言われています。

この事は「民主政治の原点」にかかわる、ゆるがせに出来ないものです。

民意を反映出来ない、また、反映しようとしない政治が、民主政治を名乗るのは正に「羊頭狗肉《ようとうくにく》」のたぐいです。

比例代表制に対する批判の一つに、「顔のない選挙」があります。投票の時に名指しでないと何か頼りないのでしょうか。

しかし「顔の選挙」がどれだけ政治を乱してきたか、今までに見てきました。選挙の協力者は、先生の「顔」をあてにして、結局「お願い選挙」は「お願いされる」ことになり、この循環は現在まで際限なく続いているではありませんか。

国家予算の三分の一は補助金と言われていますが、その中にはこうした意味の補助金も数多くあると言われています。

今一つの批判は、比例代表制にすると小党が分立して、二大政党による政権の移動が難しく、政治が不安定になるということです。

しかし、これは正に本末転倒で、民主主義国家では「民意」を如何に政治に反映するかが最優先されるべきです。

民意から離れたところで、政治家が二大政党を想定するのは余りにも勝手過ぎます。

時代は流れて世界は大きく変わり、科学も急速な進歩をしているこの激動の現代社会に適応するためには、政治だけが旧態依然としている訳にはいきません。

選挙の時、国民が選ぶべきカードを見出せない時に、国民は政治に失望し無関心となり、支持政党なしの国民を生み出します。

この政治に対する無関心が、民主主義没落の危険をはらんでいないと誰が言えるでしょうか。

比例代表制の結果、たとえ小党の分立が起こっても、政治に空白が許される訳はありません。必ず政権党グループと野党のグループの形はつくり出されます。

選挙は一回だけで終わる訳ではありません。その繰り返しの中に、自然な形で政党の集約化が進み安定した形が出来ます。

政治家が考えるほど、日本の国民は馬鹿でも無知でもありません。

国民は正しい選択をしますから御安心下さい。

しかし、民意を反映出来ない選挙システムでは、何回選挙を繰り返しても民主主義も民主政治も育つはずはありません。

選挙民である国民が、投票してもその投票用紙が、白紙委任状にしかならない選挙制度では、百年たっても民主国家の出現は不可能でしょう。

比例代表制は民主主義国家の土壌です。その土壌の中から必ず二十一世紀に羽ばたく新党が誕生していくはずです。

共産主義の壮大な実験は終わりました。次は「民主主義のあり方」が問われる時代が確実に来ています。

新党に望む

半世紀にわたる戦後政治の中にどっぷりつかった政治は、国民から遊離しマンネリ化してしまいました。

これは一つの政権与党とその他の批判政党という変わらぬ構図とその土壌になった中選挙区制のもたらした、当然の帰結だったと思います。

戦後の終戦処理の政治は、アメリカ占領軍との交渉が主たる政治でした。その後の経済復興を遂げる過程での政治は、如何に輸出力を高めていくかが政治の主体で、多少の曲折はあっても、迷いのない一本道だったと思います。

極論すれば、有能な官僚群の上に座っていても政治は出来たのかも知れません。そして国民より一段高いところで、国民の利益の調整役が、政治と政治家の仕事と考えられていたのかも知れません。

しかし、プラザ合意後の日本の政治は、こうした待ちの政治、懸案の先送りの政治は通用しなくなりました。このような政治姿勢は、ますます事態を悪化し混乱を助長するだけです。

それは後手後手の土地政策にも、イラクがクウェートに侵攻した一九九〇年八月の湾岸戦争への対応という外交でもクローズアップされました。

政治が消費税問題で大揺れしている間にも、地価の暴騰は着実に進行していたのです。議会で湾岸問題を審議している間に、戦争は終わってしまいました。

政治に行動と機能が求められる所以もここにあります。

そして忘れられてならないのが、主権在民の民主国家の政治は、国民に開かれた政治でなければならないことです。

これからの政治、政治家、そして政党は手を拱《こま》いてはおれません。国民の上にあぐらをかいていては政治が出来ない時代になっています。

党の政策の中には、すぐに国民の理解を得られないものも出てくるでしょう。それでも民主政治は国民に納得してもらう必要があります。国民に対して「根廻し」という言葉が適当かどうか知りませんが、説明をし、理解を得ることが政治の第一歩です。

経済発展をここまで成し遂げた国民です。必ず理解は得られるし、得なければなりません。民主政治は独裁者のする政治でも、階級政治家のするものでもありません。

民主政治の成否は、党と国民の双方にかかっています。

従って、新党は幅広く国民を基盤にした国民政党でなければなりません。いわゆる、階級政党とは違います。ましてや選挙運動中だけのにわか国民政党とは異質のものです。

新しい時代は資本家対労働者とか、地主対農民といった類型的な分類は、とっくの昔、通用しない時代になっています。

弱者と強者という分類も単純なものではありません。戦後、弱者といわれた人々が今もそのまま弱者とは限りません。

農業一つ取っても、専業農業もあれば、兼業農業もあり、都市近郊農家と遠隔地農家ではまるで違うでしょう。それを農業という一つの枠の中で考えられるものではありません。農業に限らず他の業種についても言えることです。流通しかり、製造しかりです。

こうした時代の流れを読み取らなくては政治は出来ません。分かっていて放置して置くのはもっと悪いことです。

国民が経済大国らしい生活が現実に出来ない仕組みを、もっと考える必要があります。

労働時間の短縮だけで、国民は豊かでゆとりのある生活が保証されるとは思いません。これから政治が機能し、行動しなければ潜在したストレスの行く場所が無くなるのではないかと心配になります。

前川レポートの言う、日本の経済政策も、国民の生活も確かに見直しをしなければいけない時だと思います。

しかし、レポートが触れなかった「政治」にこそ、根本的に見直しをしなければならない時を迎えていると思います。

今、政界にも新しい時代を感じ取っている人がたくさんいます。野にも人材は豊富だと思います。それこそ我々国民も一緒になって、新時代二十一世紀にふさわしい、国民とともに機能し行動する新党の誕生を期待したいと思います。

選挙民から政党へのメッセージ

選挙の時、一般の選挙民の立場から政党を見た場合、一〇〇%自分と同じ考えを持つ政党があるはずはありません。

投票は特定の政策の良し悪しだけで割り切って投票するケースもあるかも知れませんが、もし投票した政党が政権を担当した場合、国全体の政治がどうなるかを考えると、無責任に投票出来るものではありません。

政党は投票の結果によっては、政権を担当する立場にあります。それは国民に対して重大な責任を負わなくてはなりません。

言い換えれば、批判政党をもって自ら任じている政党は別にして、政党は一つの政策だけで成り立つものでなく、国政全般に指導力がなければ存在の意味がありません。家を例にとれば、土台の基礎から全部潰して建て直すと言われても、それに代わる設計図を呈示し、具体的に納得のいく説明がなければ委託する訳にはいきません。

選挙目当ての建前の餅を投げるような、ばらまき政治のつけは結局、国民が負担しなければなりません。

一つの政策に対して、政権与党のA党と、野党であるB党との論点が分かれた場合、A党よりもB党の政策が納得出来るからB党に投票しようと思っても、その外の政策でA党とB党の整合性が全くない場合、一つの政策の良し悪しだけで簡単に決められません。A党とB党の基本政策に整合性があれば、国民は政権の移動にさほど不安を抱かずに行動することが出来ます。

勿論、整合性と言っても幅があるのは当然です。

政権を目指す政党であれば、現政権与党の全政策に対する態度を明確にする必要があります。

整合する政策には賛成の意思表示を、否とする場合はその趣旨と対案を、もし予算を要するものであれば、それも併せて提出する必要があります。

何でも「反対」だけでは、国民はその及ぼす影響を理解出来ません。

政党には党としての人格があります。それが綱領であれば、綱領も政策と同じく国民に分かり易いものにしてもらいたいと思います。

党員とか一部の人のものでは、国民にアピールすることは出来ません。

民主政治が国民の多数を主権者とする政治であれば、限られた人々にしか理解できない綱領、政策であっては困ります。

今、日本の民主主義をマス・デモクラシー（大衆民主主義）と、とらえている政治家がいるかも知れませんが、それは誤りです。

世界を見ても、日本ほど、民主主義の育つ土壌の整っている国はありません。

国民は勤勉で、教育水準も高く、ほぼ単一民族として共通の言語、宗教を持ち、経済大国と言われるほどの技術も身につけてきました。

政治もその環境さえ整えば、十分理性を持った行動が出来る国民です。

日本では大衆民主主義と言われる、画一的な行動様式や、指導者による大衆操作に国民が動かされる時代は、もう過去のものになりつつあります。
国民に対して「由《よ》らしむべし知《し》らしむべからず」の時代ではありません。
これからの新しい時代の政治には、新しい国民に対する認識が必要です。
もし、その認識がない政党があるとすれば国民から逆においていかれるでしょう。

新党の基盤

今、既成政党の構成は、広く財界の支援をバックにした保守系政党と、労働組合の支持を得たり、環境、消費問題を中心にまとまった革新的政党に大きく分けられると思います。すでに申し上げた通り現在の社会は、資本家対労働者とか、右とか左とかの概念の中でとらえられる画一的社会から急速に離れつつあります。

この変わりつつある社会は、既成政党の価値観、尺度ではもう測れないものですが、それでもなお、慣れ親しんできた枠組みを頑《かたく》なに、既成政党は崩そうとはしません。

新党は既成政党から無視されている中産階級意識を持つ階層に、その基盤を求めるべきだと思います。

この国民の最大多数を占める中産階級意識層は、今までの判断基準で言えば、右でも左でもない存在で、選挙の時は両方からの草刈り場になっていた存在です。

どちらかと言えば政治に無関心な階層＝「無党派層」というものかも知れません。

しかし、民主政治の下で選挙や政治に無関心でいることが、現実の生活にどのようにはね返ってくるかを、ここ数年来の土地暴騰に始まった数々の経済バブルの展開の中に、見てきた階層でもあります。

これからの新しい政治、新しい世紀の展望も、この無党派層が目覚めなければ開《ひら》けてこないと思います。

無党派層は、意思表示や行動は苦手かも知れません。

鉢巻きを巻くことも、族議員も持てない政治の弱者でした。

新党はその無党派層のエネルギー化を図るべきです。

今一つは若い人達のエネルギーです。二十一世紀は彼らのためにあります。

そのためにも今立ち上がり政治の革新をしなければならない時機がきています。

二十一世紀を魅力ある世紀と社会にするための新党は、若い人達に夢を与え共感を呼ぶはずです。

こうした社会の若い力を掘り起こしていく中に、新党の道は必ず拓《ひら》けてくると確信します。

我々は何をすべきか

政権与党の若手国会議員の発表によれば、年間の政治資金は一億円をはるかに超えているそうです。

これが、いざ選挙になれば、どのくらいの金が必要になるのか、我々には見当もつきません。そのような状態では新党の出る余地はありません。

新党の誕生を期待するためには、まず民主主義と民主政治の土壌造りを先行させなければなりません。

その土壌造りは、選挙制度の抜本的改革であり、それにはすでにその弊害を言いつくされている中選挙区制に代わる選挙制度を実現するしかありません。

どのような選挙制度を採用するかは、民主政治の死命を制することになります。民意を反映出来る選挙制度がスタートした時点が、戦後の民主国家と民主政治の始まりと言っても過言ではありません。

主権者の意志を十分に反映出来る民主主義の土壌は、新党の必須の条件です。

そうでなければ折角播いた種も、芽を出し生長を期待することは出来ません。

このような選挙法の改正を伴う政治改革は、戦後の政治史の中で、後世に残る歴史的なものになるでしょう。

そこから本当の民主主義国家の誕生が期待出来るのですから。

そうかと言って、戦後五十年の歴史が無駄であったとは思いません。

その間に成し遂げた経済復興や、民主化への試行錯誤があって、はじめてここまでたどりつけたのだと思います。

旧国家体制から民主国家体制への移行は、それなりの年月が必要なのだということを、民主主義はそうたやすく手に入らないということも知りました。

我々は今、消えかかっている政治改革の灯を、今一度よみがえらせ、国民のための政治、真の民主主義国家の実現に全力をあげなくてはなりません。

我々は、既成政党が本当に民主主義政党であるか否か、この政治改革に対する考え方によって判断出来ます。

政治改革のあり方は、その政党の民主主義に対する姿勢と、考え方のリトマス試験紙になります。

我々は、今後とも政治改革の行方を注意深く見守り、国民投票であれ、選挙であれ、我々の権利を行使出来る機会をとらえて、意思表示をする必要があります。

そうでなければ、百年を経ても、日本は民主主義も民主政治も実現出来ず、民主国家とは縁のない国になっていくに違いありません。

二十一世紀の足音はもう間近に聴こえてきています。我々は政治を我々の手元に取り戻さなければなりません。それが主権在民の民主政治の姿なのですから。

第五章　二十一世紀への主張――民主主義は今――

民主主義と自由

戦後、日本は連合国によって軍国主義から解放され、その上、自由と民主主義を与えられました。

そのせいか、自由と民主主義が一緒になり、自由といえば民主主義、民主主義といえばイコール自由、という錯覚におちいり、現在もその傾向がみられます。

そして自由が独り歩きしてエゴになり、個人のエゴ、集団のエゴが社会の中に闊歩《かっぽ》し、はては憲法による保障付きとなってしまうと手がつけられません。

これでは民主主義社会は到底成り立ちません。「自由」はルールという枠の中で、はじめて魅力的な「生きた言葉」になります。憲法が保障している自由は、エゴではないはずです。

一人では出来ないが皆で協同し協力すれば、お互いに便利（利益）になるから、一緒にやろうというのが民主主義の原始的な考え方ではないかと思います。

例えば、A町とB町の間に狭い道があったとします。人が歩いたり、自転車で往来するのにはこれで十分でした。ところが車が発明されて、皆が車に乗るようになると、一台なら通れるが、すれ違いが出来ない。それでは道を広げようじゃないかということで、A町もB町もそれぞれ土地を提供し、一緒になって広げることになります。そのうち車が走るとホコリがあがって町が汚くなる。また、雨が降ると泥だらけになるからお互いに舗装しよう。

これもA町だけでもB町だけでも意味がないから一緒に協同して舗装することにしよ

う。

これが民主主義の考え方ではないかと思います。

民主主義の社会は、お互いの利益を確保するために、お互いの譲り合いが必ずついてまわります。

我々は無人島に一人で住んでいる訳ではありません。

我々は今現在、社会の進歩の恩恵を十分に受けています。

毎日の生活を今一度振り返ってみて下さい。

どれ一つとして、貴方一人で、あるいは貴方の一家族で、貴方の属する一団体だけでまかなっているものはありません。

昔だったらゴミを何処に捨てても問題にならなかったかも知れませんが、人が増え生活も豊かになってくると消費する物量は多く種類も色々です。そうなれば、ゴミもどこへでも放り投げる訳にはいかなくなります。

昔、隣家との間が離れている時には、大声で唄っても隣家には迷惑をかけずに済みました。

今、アパートに住んで居る人は音を出さないよう、お互いに気を使っておられると思います。

民主主義は、国レベルだけのものではありません。個人、町、市、県、それぞれのレベルにあります。大きな事業で国単位で考えなければ出来ないことを国がします。民主主義政治は身近なものです。

高速自動車道として有名なドイツのアウトバーンは通行料は無料だそうです。ドイツ国民にとってアウトバーンは自分達の財産だと思っているそうです。

道路を造るのに高い土地買収費を必要としなければ、通行料の無料も可能なのでしょう。また、高速道路に限らず、一般道路にもゴミは目につきません。日本の道路は都市からちょっと郊外に出れば、ゴミ、空き缶が点々と続いています。道路だけではありません。広場も河岸もゴミで汚れているのは見慣れた風景です。

民主主義の政治は、一人一人が参加出来る政治です。誰にも出来るレベルの政治から国の政治になり、本質は全く変わらないものです。

空き缶一つを道に落とさないのも、民主政治につながる行為です。

民主主義は国民一人一人が支えている社会体制ですから、もし国民にその自覚が無かったら、民主政治は衆愚政治になりかねません。

民主主義の学習

民主主義社会が国民一人一人が支えている社会であれば、民主主義の学習は民主社会にとって欠かせないものです。

教育は型にはめ込むもの、と考えられ勝ちですが、そうではありません。

人は人とのつきあいの中で人たり得る訳ですから、個と個、個と集団との間のルールは自己の権利を主張するためにも必要です。

簡単に言えば、自分を認めてもらうためには他人も認めてあげることです。

このような社会の一員としての教育は成人してからより、年少の頃からの教育の中で自然に身につけさせるべきことです。

今、教育が知育にかたよっていると聞きます。頭でっかちを悪いとは申しませんが、それでは野球の個人プレーとその技術の向上だけに熱中し、チームとしてのプレーをないがしろにするようなものです。

社会人としてのバックボーンを同時に成長させないことには、人として元も子も無くしてしまいます。

それはちょうど、肉体の背骨―骨格―が未発達のまま大人になってしまうようなものです。

肉体的な未発達は周囲も注意をおこたることはありませんが、こと、社会のルールや心の問題になると関心が無いようです。

本来、民主主義の学習は教育の必須項目として取り上げられるべきものです。

民主主義国家であれば義務教育の中で取り上げられるべきものですが、もしその場を国が提供出来ないのであれば、民間がボランティア活動の中でやる必要があります。

よく、小学生、中学生に将来何になりたいかという質問をすると、判で押したような返事しか返ってきません。スポーツ選手、医者、公務員、先生等々、類型的な職業しか、少年達の頭の中にはないようです。

成長すればそれぞれの職業を通じて社会とのかかわりが出来てきます。

ボランティア活動の中で、それぞれの地域の経験豊かな人々との接触を通じて、少年少女達が社会を知り、生きた職業を知ってもらいたいのです。

こうして少年少女達に、職業を通してもっと夢をふくらませてもらい、現代社会を理解してもらうことは、将来の民主社会にとって極めて大事なことだと思います。

こうした現実的な民主主義の教育は、先生方よりむしろ社会人の方が適していると思います。

地域ごとの経験豊かな社会人が是非、次の世代を育てるこの運動に参加してもらいたいと願うものです。

「寺子屋」の現代版と言われるかも知れません。しかし、ギスギスし過ぎた強者の自己主張だけがまかり通る戦後の社会が見失ったものを取り戻すことは、明日の民主主義社会に必ず生きてくると思います。

少年少女達に、個―家族―社会（国）―世界（地球）の中の「僕」であり、「私」であることを感じとってもらうことが大切です。

知性と政治

〝人類の知恵は進歩して来たが、知性は少しも進歩の跡が見られない〟とよく言われます。紀元前三〇〇〇年の頃、ナイル流域に栄えたエジプト文化、チグリス・ユーフラテス流域の古代メソポタミア文化の時代からは想像も出来ないほど現代の科学は進歩してきました。そのくせ、五千年を経た現在の人類が、科学の進歩に歩調を合わせてしあわせになっているかと言えば、疑問を持たざるを得ません。

五千年を経た現在も古代の人々が争った同じ場所で人類は戦争を繰り返しています。しかし使用している武器は古代の人達が想像もしなかったほど進歩しました。超音速のジェット機やミサイル爆弾が空を駆け、地上では数万の戦車が砂塵を巻き上げ、さらには核爆弾、毒ガスもと、五千年の間に蓄積した人類の知恵を結集したものでした。

その上、すさまじくも生々しい現実の戦いの様子をほとんどリアル・タイムで世界の人々が注視出来るのです。

人間に五千年や一万年の単位で、生物学的な進歩を期待するのは荒唐無稽《こうとうむけい》なことでしょう。

しかし、科学をここまで進歩させた人間の頭脳に多少の英知を期待出来ないものでしょうか。

我々人間は、他の人間、またはグループが創り出した科学の成果について、共有することが可能です。現代の科学の粋を集めた技術にしろ、商品という形で手に入れ、日常生活の中で恩恵にあずかっています。

多少の専門知識と、必要とする資金さえあれば、毒ガス弾、核兵器、ミサイルさえも、あえて発明者でなくても手に入れられる世の中です。

ましてや純粋の学問のレベルに於てはなおさらのこと、人類はその知恵を共有することが出来ます。

科学は、理論、実験の試行錯誤の中で進歩し、成果の後退は考えられません。

恐らく、今後も現在の知識から想像も出来ない進歩を続けていくことでしょう。

こうした科学の進歩を、人間に役立つものにするためには受け皿になる人間社会が、それに対応出来る知性を持つことが必要です。

車を例にとっても、個人にとって車の便利さ、快適さを生かし、それを凶器にしないためには集団（社会）としての知性を欠かすことが出来ないのは、我々も日常経験していることです。

現代の人間社会の単位として国家を考えるとすれば、その政治に知性がどうしても必要です。

その知性を社会に反映させることが出来る政治は、主権が国民にある民主政治の外に考えられません。

英雄も独裁者も不要の政治体制が地球上に出来た時、はじめて人類は繁栄の保証を手にすることができるのではないでしょうか。

世界の中の日本

今、世界は社会主義から民主主義へと大きなうねりの中にあります。

日本は戦後半世紀の間に、世界の経済大国になり、その結果、諸外国からの要望も多く寄せられています。

それは発展途上国の経済援助であったり、欧米先進国の貿易収支の均衡だったりします。特にアメリカの要求は強烈であり、それは日米貿易摩擦の解消のため一九九〇年に合意された日米構造協議の中でも、うかがい知ることが出来ます。

しかし、その中には、日本の政治がさわらぬ神にたたり無しで避けてきた政策も数多く見られ、逆に構造協議に取り上げられたことで、日本国民にプラスになっているものもあります。それはともかく、日本は政府の言う通り、本当に経済大国になったと考えて良いのでしょうか。

半世紀前の日本は、貧乏のどん底でした。

原料も食糧も持たない日本に残された道は、額に汗して働き、原料、食糧を海外から確保することでした。輸出の中身は国民の汗と知恵そのものです。その事情は決して今も変わっている訳ではありません。

戦後の日本の生きる道は、好むと好まざるとにかかわらず、工業国として生きてゆく外に、道は残されていませんでした。

その工業国への道も決して平坦なものではありません。国内の市場であればともかく、海外の市場で買ってもらうためには、その分野の一級品でなければ通用しません。

それには海外の顧客のニーズを読み取る市場調査に始まり、製品の品質、価格いずれの点でも輸出先国の製品との競争に勝てるものでなくては、買ってもらえません。

その典型的な商品の一つに自動車があります。

正直なところ、アメリカに日本の車が売れるとは、夢にも思われていませんでした。自動車産業はアメリカの最も得意とする分野で、戦前、流線型をした米国車があこがれの目で見られていたのをおぼえています。戦後は進駐軍と一緒に多数の米国車が街を走り、その巨体は、まさに、アメリカの象徴そのもののように見えました。

その自動車産業が日米貿易摩擦の大きな問題にまでなるとは、考えられないことでした。

多くの名車を出してきたGM、フォード、クライスラーなどの大企業は自国のニーズにすら応じられないほど、油断していたのでしょうか。

日本のメーカーは米国の顧客のニーズを研究し、それに合わせて改良を加えて、米国向け仕様車を造りました。

自国のニーズすら把握していないアメリカのメーカーが、日本向け仕様車を造るということは考えられないでしょう。

これで良かったら買っていけ、では売れません。休み明けの月曜日の米車は買わない方が良いとか、新車の運転席のボックスにコーラの空き瓶が入っていたとか、という話も何度か聞いたことがあります。

これでは貿易収支の不均衡を改善するために、ドル安という強力な助っ人があっても、米国のメーカーの競争力の改善は望めないのがわかります。

第二次大戦後のアメリカは名実共に超大国として戦後の世界に君臨し、敗戦国日本はその眼中になかったと思います。

飽食の大国アメリカと、ハングリーな小国日本の生き方はおのずと違っていました。しかし、今やそのハングリーであった日本が世界の経済大国になり、飽食の時代を迎えています。

日本はどの道を選択し、何処へ行こうとしているのでしょうか。


ベルリンの壁の撤去に始まった東欧の民主化は、それまで遠い国に思えた国々を少しずつ身近に感じさせてくれるようになりました。

しかし、その中でほとんどの国が複数の民族で構成されているのを知り驚きました。ほぼ単一民族で構成されている我々日本人には、これら多民族国家の抱えている問題は頭で理解出来ても、実感出来ない部分がたくさんあります。

先日ある調査で〝貴方は国を守る意志がありますか？〟との問いに諸外国では数十％以上の人が、ある、と答えたのに対し、日本は一〇％ほどでした。

四方を海で囲まれ、他民族からの攻撃、征服を経験したことが皆無に近い日本人が、民族、国家に対する意識が希薄なのは、こうした自然の環境によるものでしょうか。

旧ソビエト連邦、バルカン諸国のみならず西欧の国々では民族同士の対立、国家間の争いは、古くから繰り返されています。その結果、民族、国家の団結心は我々の想像以上に強いものがあるようです。

しかし、現在の日本人の民族、国家意識の希薄さを自然環境のせいだけにする訳にもいかないと思います。

明治維新以後、第二次世界大戦に至るまでの日本は、逆に国家意識の高揚が叫ばれてきました。それは国家、政府の強力な政策として取り上げられてきたもので、国民はそれに従ってきました。

この点、ヨーロッパ、旧ソビエト連邦、バルカンの各民族の長い闘争の歴史と、体験から盛り上がってきた民族意識とは根本的に違うのかもしれません。

第二次大戦を敗戦という形で迎えた日本は、民族意識と国家意識を軍国主義と一緒に棄ててしまったようです。

国家意識・民族意識を持つことが、軍国主義、旧体制にイコールと受け取られる風潮と雰囲気が、戦後の社会の中に、暗黙のうちに出来上がってしまったのです。その結果が、先の意識調査に表れているのではないかと思います。

民族・国家意識の高揚が時により狂信と結びつくと、非常に危険な展開をすることは、日本のみならず他の国でもみられます。

第一次大戦後の混乱期のドイツに現れたヒトラーの思想もその典型です。

現在でも、自国が他の国より優れた民族であると信じて疑わない国々があるのは残念です。この地球上、多数の民族の中で特定の民族だけが優れているということは、どう考えても理解出来るものではありません。

民族、国家はそれぞれの風土、言語、歴史、宗教の中で、異なった価値観を持っていても何の不思議もありません。それについて自国の価値観で他国を評価するのは、全く勝手と言わざるを得ません。

地球の民主化が進み日本も新しい民主政治が期待される時、権力に利用されない民族意識の見直しをしても良い時期を迎えているのではないでしょうか。

これからは日本も、他国の人々との交流が増加する一方です。その時、他民族の文化、生活を理解するためには自らの民族を知ることが先決です。それぞれの民族が育ててきた固有の生活文化を相互に尊重し合う交流が、世界の平和につながらない訳はありません。日本人を育ててきてくれた歴史、風土、そして当たり前のように日常使っている日本語など、その文化を大事にして後の世代に伝えていくのは、国粋主義と軌を同じくするものではありません。

民族意識はむしろ、それぞれの民族が地球人の一員として互いに理解し合うため独自性として、欠かすことが出来ないものだと思います。

民族意識と軍国主義が結びつく時代は、民主政治が続く限り、もう来ないと思います。

自信をもって日本民族がはぐくんできた祖国と文化を、語っても良い時がきていると思います。

ネオ・ルネサンス

十四世紀から十六世紀にかけて、ヨーロッパに起きたルネサンス運動は、古代文化の復興にとどまらず、中世の宗教、社会に束縛されていた人々の意識を解放し、人間復興へと発展していきました。その原点になったのがギリシャ・ローマのヒューマニズムでした。

そして、それが近代思想の幕明けになったのは我々の良く知るところです。

その後、ルネサンス運動は、ヨーロッパ諸国に影響を与え、宗教改革をはじめ、自然科学、技術を進歩させ、やがて産業革命へと、ヨーロッパ全土に近代化のドミノ現象を起こしていきました。

しかし、その後の展開をみると、結果として人間解放の成果は、一部の民族、国家に限られてしまいました。

その事情は、その後の歴史の示す通り、各国の植民地獲得競争、産業革命へと進む中で知ることが出来ます。

結果からみれば、ルネサンス運動は、人間性解放の自覚を人々に与えましたが、それは自分達を抑圧してきた中世の封建社会に向けられたもので、自らが抑圧者の立場に立った時、それは忘れられてしまいました。

ルネサンスによって掘り起こされたヒューマニズムは、その後の歴史の中に埋もれてしまったと思います。

日本は明治維新後、新政府によりヨーロッパ諸国の文化、技術が急速に取り入れられ、産業革命も遅ればせながら定着するようになってきました。

政治もヨーロッパ諸国にならい、議会政治が取り入れられ、近代国家としての体制が、着々と整えられていきましたが、「お上」と国民の関係は、旧幕時代の武士と町人との関係と変わらぬ「オイ、コラ」式の政治が敗戦まで続きました。

戦後、日本は民主主義国家として再出発し、主権在民の民主政治が約束されました。そしてお上は、今までと違って国民の公僕であると盛んに言われた時代もありましたが、それも今ではあまり聞かれなくなりました。

お上の体質も、基本的には変わった様子は見えません。

民主政治の約束は、どこかに消えてしまったのです。

選挙制度改革への姿勢をめぐって、国会議員諸氏の民主主義に対する考え方が浮き彫りにされ、また新しく設定を予定されていた地元小選挙区側の受け止め方の反応をみるにつけ、民主政治の道は未だ未だ遠いと感じました。

地方の有力者の中には、国会議員をその選挙区の利益代弁者としてしか見てない人もおり、県会議員の選挙区よりも小さくなった選挙区に不安を感じているようです。

民主政治は、地区の利益代表としてのエゴで国政が行われるものではありません。それでは国政が大混乱します。

今までならば、選出議員の鶴の一声で新幹線の駅が出来たり、ルート変更が可能でしたから、こうした期待で選出議員をみているかも知れませんが、それではこれからの日本の政治はゆがみます。

第二次大戦後、社会主義国の経済の破綻は政治体制の崩壊に進み、閉ざされた鉄のカーテンが取り払われてみると、自由主義経済圏との余りにも大きな落差に驚かされました。今、自由主義市場経済は、世界の共通の認識になってきています。

自由主義市場経済社会は、人々に生活の快適さを与えてくれ、努力すれば報われる社会だと思われています。

しかし、この社会は一方で厳しい生存競争を避けて通れない社会です。競争があれば、勝者も敗者もあります。また、不公正な行為で競争に勝とうとする者も出てきます。

経済力もあり、社会的地位も高く、この経済体制をリードする立場にある企業が、その地位を利用して不公正な行為をすることは考えられないことですが、現実のニュースでは、日常茶飯事のように報道されています。

自由主義社会が、快適さを与えてくれる一方で、勝者にますます力を与え、その力を使って不公正な行為をしても、「勝てば官軍」式の社会になってしまっては、この社会の秩序は保てるものではありません。

現代の巨大な経済を動かしている無数の企業群の中で、人は企業と無関係に生きていくことは出来ません。何らかの形で企業に結びつけられて生活しています。個人にとって、経済社会の生活が、即、人生と言っても過言ではないでしょう。

もし、自由経済の悪い面ばかりが強調されると、国民は相互不信におちいり、ますます人間性の薄い、住みにくい社会になっていく気がします。

そうした中で、政治の持つ役割が一層重要になってきました。本当の「国民のための国民の政治」を実現する必要があります。

その政治は、人から与えられるものではなく、国民自身が主導権を持つ政治体制です。国民自身が政党を作り政治に参加する必要があります。

最近の科学の進歩は驚異的で、我々が住んでいる地球をも壊しかねないほどになりました。

経済の拡大もとどまるところを知らぬようです。その狭間にあって人は快適な生活を楽しんでいます。中でも日本は経済大国と言われ「豊かさ・ゆとり」を実感すべきだ、と言われています。しかし、この「豊かさ」と「ゆとり」は国民の平均レベルからほど遠い所にあります。欧米にくらべて高い生活物価、貧しい住宅、その貧しい住宅すら手に入れることの出来ない人々にとって「豊かさ」も「ゆとり」も絵に描いた餅と同じです。

しかし一方で、自由主義市場経済の体制は、社会主義計画経済の体制より優れていること、この自由主義経済を維持するのに、民主主義政治の体制が最もふさわしい体制であること、そしてこの二つの体制の組み合わせの中で、人は一番人間らしい生き方が出来ることを知りました。

しかし、この体制も権力とエゴの社会になっては「目糞鼻糞を嗤《わら》う」の譬《たと》えのようになってしまいます。

民主主義は一つの政治の形を示してくれましたが、これを機能させることが出来るかどうかは、現実の政治の問題です。

経済が発展し拡大していけばいくほど、人間疎外の社会に潤いと人間性を求めていくのは自然の成り行きです。

どんな体制であれ、人間性のない政治は、存在する価値はありません。

しかし一方で、政治を支えているのは国民です。国民と政党との協同作業である政治を、衆愚政治にしないために、我々も参加する民主政治にする必要があります。

一人の指導者が「反対」と叫べば全員が「反対」と一斉に唱和する政治は、新しい民主政治とは無縁のものです。

ヨーロッパに起きたルネサンス運動の思想は「個」の発見と復活だったと思います。

現代はその「個」の精神を集団（社会）の中に生かしていく時代を迎えているのではないでしょうか。

人間《じんかん》距離がますますせまくなり、その上、科学の進歩は、物理的な人間距離では表現出来ない輻輳《ふくそう》した人間関係を否応なく創り上げています。

「個」が「個」のままであっていい時代は過ぎました。子孫のために美田《びでん》を残すことも結構だと思います。

しかし「良き社会」を残すことは、それに優る大切なことです。

ルネサンス運動が、その思想の中に謳いながら個の中にとどまったヒューマニズムの社会への展開——それをネオ・ルネサンスと呼ぶことが許されるならば——、新世紀を目前に出発しようとしている改革された選挙制度に、それを期待したいと思います。

青の群像——或る中学時代

よく戦時中は、学校教育の中に軍国主義を持ち込み、教育をゆがめてきたと言われています。しかし私の小さな体験では、そのような抑圧的な教育はありませんでした。

最後に私が本書のような考え方を持つ土壌になった中学校時代の体験を記しておきたいと思います。

はじめに

人、それぞれに歴史があります。

そしてその歴史は、生まれ育ったその国の歴史の大きな流れとうねりに身にまかせながら綴られていきます。

この話もそうしたうたかたの一つです。

私が通っていた中学校は、三浦半島の東京湾に面した港町、とは言っても当時は軍港として名を知られていた。

県立の中学校は一つしかなく、運よく入学することが出来た。

運よくと言ったのは、私の卒業した衣笠小学校は町のはずれにあり、私の学年でも受験者も少なく、私ともう一人が合格しただけだった。

町の中心にある、豊島とか鶴久保といった小学校では、何十人も合格していた。

衣笠小学校は、そんな田舎の学校であったが、この小学校の初代の校長は、私の祖父であった。

私は小学校二年の時、母に連れられて姉と一緒に母の生家に戻って来た。

その時、祖父は亡くなっていたが、祖父が、私が通っている小学校の初代の校長だったというのは知らなかった。

転校して間もない頃、先生がそばに来られて、私を見て「似ている」と言ってうなずきあっていた。

私には何のことか、解らなかった。

家に帰ってから母に、「今日、学校でね、先生方が僕の顔をのぞき込んで、『似ている』と言ってたよ。」と告げると、その時、はじめて母は、祖父が初代の校長先生だったこと、そして「その頃の先生が残っておられたんだわ。」と言っていた。

後になって、母の遺品の中に小学校時代の賞状があり、鈴木藤枝の名と、校長名に鈴木幾太郎と書いてあった。

母も大事にとっておいたのだろう。

中学に入った私は、ルンルンだった。

横須賀中学校の校章の入った自前の表札ももらったし、革靴をはいたのも初めてだったと思う。

だが、気の進まないこともあった。

当時、何週間に一度か忘れてしまったが、掃除当番があって少し早めに学校に行き、教室と廊下を雑巾で掃除することになっていた。

その初めての日、玄関に出ると、母が新聞紙にくるんだ筒を持って待っていた。

「これを教壇の花瓶に差しなさい。」

入学式の時、母は教室の黒板の端に花瓶があるのを見て知っていたに違いない。

一瞬、私はとまどった。

私は、「もう中学生だし、花を持って歩くのなんて格好悪い」と抵抗したが駄目だった。

母が、「花瓶は何のためにあるの。花を活けるためにあるんでしょ。」

そんなことは私にもわかっていた。

だけど、花の飾ってあるのなんか見たこともない。

しかし折角、庭に咲いた花を、摘んでくれた母の気持ちも無には出来ない。

私は、花束をそっと目立たないようにかかえて学校へ急いだ。

幸い当番で普通の登校時間より早かったので、人目にはつかなかった。


一通りの掃除を終え、黒板の側の花瓶をおそるおそる下ろし、持って来た花を差し水を入れ、また、そっと元に戻して自分の席から眺めてみた。

正直のところ、やはりいつもの教室よりは、新鮮な明るさを感じた。

その頃には同級生がぞろぞろ集って来たが、幸い誰も気がついていないらしい。

少しほっとした。

今日の一時間目は「修身」。そして担任は校長先生だった。

高田先生は、いつものゆっくりした足どりで教室に入って来られた。

「起立、礼」の後、暫く間をおいて先生が、「この花は誰が持って来たの?」

それから先、私がどう返事をしたのか、今思い出そうとしても、どうしても思い出せない。ただ、顔が「カッカ」していたのは今でもおぼえている。

その日、学校から帰って母にその話をした。

母がにっこりして聞いてくれたのは、言うまでもない。

入学して一年が過ぎ、春休みになったある日、玄関で聞覚えのある大きな声が聞えてきた。

母が応対しているらしく、話の内容はわからないが、地理を教えている笹子先生の声だ。

「何だろう」私も呼び出され、先生の話をうかがうことになった。

先生が言われるには、四月から新しい先生が東京から赴任されることになったが、適当な下宿先が見つからないので、引受けてもらえないかという話だった。

私の家は、学校まで歩いて二十分以上かかり、けっして近いとは言えない距離だ。

笹子先生は濃いあごひげをさかんになでながら、母と話しあっている。生徒には少しこわもての先生で、渾名は「あご」だった。

そして父兄には腰の低い、その濃いあごひげとは裏腹な、物柔らかな先生だった。

どうやら話がひとまずまとまったようで、二、三日したら、その新任の先生を案内して来るとのことだった。

そして数日後、橋本精一先生に初めてお目にかかることになった。

笹子先生の話によれば、東京帝大の国文科を卒業してから、東京府立第一高等女学校に二年勤められていたとのこと。笹子先生の後にかくれるようにして入って来られた先生は、本当に女学校の先生の方が似合う、大人しい色白の先生だった。

それから私は、橋本先生のお伴をして毎朝、学校に行くことになった訳である。

しかし私には私なりの心配があった。一年生の時は、極めてのんびりと何の気づかいもなく過したが、これからは橋本先生が家に居られるとなると、勉強も少し頑張らないと職員室の話が母に筒抜けになるかも知れない。

そんな全く余計な心配から、少し気をひきしめて勉強しようと自分に言い聞かせた。

昭和十五年のことである。

横須賀中学は、何の変哲もない、どこにでもある中学で、特別の進学校でもなければ、それ以下でもない学校に思えた。

しかし、既にヨーロッパでは第二次世界大戦が始まっており、アジアでも新しい戦争の予感があった中では、どうした訳か軍港という土地柄に似合わず、のびのびとした雰囲気があった。

私が気に入ったのは、学期ごとの定期試験がないことだった。

だから特に試験用の勉強はいらないのである。その代りいつ試験があるかわからないし、何回あるかも解らない。

私は、歴史の授業は好きだった。担任の西山先生の授業は、教科書には一顧《いっこ》もくれず、黒板に書きなぐり線を引く。従って私のノートも同じであるが、私用のコメントを記入するから、他の人が見ても何が何だか解らない。

一学期の半ばを過ぎた頃、初めて歴史のテストがあった。

西山先生が、黒板に大きく「聖徳太子」と書かれ、ノートも教科書も見てよいとのことだった。

一瞬、教室がざわめいた。

風変わりな、初体験の試験なので、皆にとまどいがあったのだろう。

朧気《おぼろげ》な記憶だが、私は聖徳太子が当時、憲法十七条を何故制定されようとしたのか、その時代背景を書いた気がする。

翌週、その時間は、体調が悪く学校を休んでしまった。翌日、学校へ行くと、親切な友達がいて、西山先生が君の名前を呼んでいたよ、と教えてくれた。

そして、「一学期だから、一〇点はやらない。まぐれ当りもあるからな。」と言われたそうである。


横須賀中学の今一つ変っていたのは、当時は軍事教練が義務付けられていたが、陸軍の教官の外に海軍出身の教官もおられた。

特に低学年は、年配の海軍出身の教官にお世話になる機会が多かったと思う。

そして、雨の日は雨天体操場で「講話」を聞く機会がよくあった。

「敵艦見ゆ、との報に接し……」に始まる日本海海戦の話は何回も聞いた、というより皆がせがんだ。訓練より、座って聞いている方が楽なので、皆でおねだりしたような気がする。

知ってか知らずか、教官は快く受けて下さった。

しかし、じっと遠くの一点を凝視されている老教官の眼の奥に、私は、我々生徒がうかがい知れない思いが込められているのを、感じないわけにはいかなかった。

近衛師団からの配属将校も、気さくな人だった。

口癖は「馬鹿じゃ、中佐になれんど」だったそうだ。鹿児島出身で中佐どまりというのは珍しく、同僚は皆出世されているとのことだった。

横須賀中学には、橋本先生の外にも若い先生方がおられたが、学年の担任ではなかったので、余り面識はなかった。

それでも土曜日になると、橋本先生の離れによく集って来られた。

時には夜遅くなって、橋本先生が母のところに、「先生方が泊りたいと言っていますが良いでしょうか」と聞きにこられた。

そしてそのあと、また一段と活気のある声が夜更けまで続いていた。

翌朝は庭に出て、先生方をまじえて一緒になって、ピンポンで大騒ぎした。

先生方は、これが横中の先生かと思うようないでたちで、学校では想像のつかないはしゃぎ振りだった。

昭和十六年、私は三年生になっていた。

家の前の道路にも、軍用の車が目立つようになった。

武山に新しく海兵団が出来るとのことだった。

先生方も、あちこちと転任され、家にも来られなくなった。そうした中、橋本先生も東京に戻られることになった。

家には、代りに数学を教えておられた金田先生が来られた。

先生は小柄で、気さくで剽軽《ひょうきん》だったので、生徒達には大変人気があったらしい。

夕飯は一緒にすることがあったが、母がたまにお酒を用意しておくと、本当に嬉しそうに呑まれ、饒舌《じょうぜつ》になった。そしてまた、お酒をねだっていた。

私には、先生が母にあまえているように見えた。


その頃だと思うが、たまたま国語の担任の先生が休まれ、代りに新任の先生が来られた。すらりとした、物静かな先生だった。そしてぽっつりと、君達は「ユーカラ」を読んだことがあるか、と聞かれた。

「ユーカラ」は聞いたことはあるが、読んだことはなかった。クラスの中でも誰も返事をする者はいない。

先生は、訥々と、アイヌ伝承の叙事詩について語られていった。

小田切秀雄*先生の「講義」を聴いたのは、この一回だけだった。

それから、どれだけ時が過ぎていったのかある日、突然、金田先生に召集令状が来たのを、母から聞かされた。

暗い灯火管制の電灯の下で、さっきから膝に両手をつき、じっと下を向いて先生が座っていた。

姉と私も、側に立っていた。

普段から少し猫背の先生が、一層小さく見えた。

母は先程から鋏を手に立っていたが、何か先生に声をかけたようだったが聞きとれなかった。

翌朝、目を覚ました時、先生はもういなかった。

＊小田切秀雄（おだぎり　ひでお）　一九一六年九月二十日〜文芸評論家。昭和十年法政大学国文科在学中、荒正人、佐々木基一と三人で文芸学研究会も開き多くの近世文学研究を発表。敗戦後、荒、佐々木、本多秋五、埴谷雄高らと「近代文学」創刊、新日本文学会の設立に参加。新時代の論客として、旺盛な批判活動を展開。

（『新潮日本人名辞典』（一九九五）参照）

あとがき

九年前、『新党のすすめ』の上梓を考えていた頃、ソビエト連邦でクーデタが起き、今までの社会主義体制から自由主義経済体制へと大きく変化していきました。それで、あわてて原稿を書換えた記憶があります。

そして今、二十一世紀を迎えました。

この九年間、日本の選挙制度は中選挙区制から、小選挙区比例代表並立制になりましたが、大勢は殆ど変ってきたとは思えません。

政治は国民の幸せのためにあるのですから、国民の幸せを第一に置いた政党が出てこなくてはいけないと思います。

二十一世紀を希望に満ちた世紀とするために少しでも本書が役立てば幸いです。

なお、出版にあたり、専門的かつ有意義なアドバイスをして、戴いた方々に心から御礼申し上げる共に、編集に尽力して、戴いた文芸社編集部の若林孝文氏に感謝する次第です。

二〇〇一年　　宗重　正

えにし　薄かりし　ひとに

参考資料

『「NO」と言える日本』　盛田昭夫、石原慎太郎著（光文社）
『脱工業化社会の幻想』Manufacturing Matters
　スティーブン・S・コーエン、ジョン・ザイスマン著、太田哲、岩田悟志訳（TBSブリタニカ）
『90年代の中小企業ビジョン　創造の母体としての中小企業』（通商産業省中小企業庁編）
『テラスで読む日本経済読本』（日本経済新聞社編・日本経済新聞社）
『円とドル』（朝日新聞社経済部編・講談社現代新書）
『選挙制度』　石川真澄著（岩波書店）

【著者プロフィール】

宗重　正（むねしげ　ただし）

横浜工業専門学校化学工業科卒業
中央大学経済学部〔夜間〕卒業
昭和二十二年、東京インキ株式会社入社
昭和三十七年、退社し宗和化学株式会社を設立
以後日本カラリング（株）を経て、
昭和五十七年、日新カラリング株式会社を設立して現在
に至る。

あなたは国に何をしてやれますか

2001年2月15日　　初版第1刷発行

著　者　　宗重　正
発行者　　瓜谷綱延
発行所　　株式会社　文芸社
〒112-0004　東京都文京区後楽2-23-12
電話　03-3814-1177（代表）
03-3814-2455（営業）
振替　00190-8-728265
印刷所　　株式会社フクイン

ISBN 4-8355-1305-3 C0095